lonely planet

VIENNE

EN QUELQUES JOURS

CATHERINE LE NEVEZ, KERRY WALKER

Sommaire

Préparer son séjour 4

Prater (p. 136)

Explorer Vienne 35

AVERTISSEMENT

Au moment où nous terminions l'édition de ce guide, la pandémie de Covid-19 impactait fortement le monde du voyage. Les informations que vous trouverez dans cet ouvrage sont donc susceptibles de changements.

Renseignez-vous bien avant votre départ car la situation aura probablement évolué quand vous préparerez votre voyage.

Carnet pratique 149

Coups de projecteur

Bienvenue à Vienne

À Vienne, l'empreinte du passé est partout, dans les palais impériaux, les monuments baroques, les *Kaffeehäuser* (cafés) éclairés par des lustres et les *Beisln* (bistrots) lambrissés. Mais la ville ne se contente pas de préserver ses traditions, elle les intègre dans le design, l'architecture et l'art contemporain, à travers d'importants projets en matière d'écologie et de transports, comme dans ses innovations culinaires. Son histoire reste vivante aujourd'hui et le demeurera demain.

Les célèbres marchés de Noël de Vienne (p. 99)
POSZTOS/SHUTTERSTOCK ©

Les incontournables

Musée des Beaux-Arts de Vienne

L'écrin d'innombrables trésors artistiques. **p. 78**

ANTON_IVANOV/SHUTTERSTOCK ©

S4SVISUALS/SHUTTERSTOCK ©

Hofburg

Six siècles et demi d'histoire impériale. **p. 38**

POSZTOS/SHUTTERSTOCK ©

Opéra de Vienne

Une institution dédiée à l'art lyrique et au ballet de réputation mondiale. **p. 102**

S.BORISOV/SHUTTERSTOCK ©

Cathédrale Saint-Étienne

Le chef-d'œuvre gothique de Vienne. **p. 56**

Palais et jardins du Belvédère

La quintessence du baroque viennois. **p. 118**

HELEN CATHCART/LONELY PLANET ©

GAUCHE : TASFOTONL/GETTY IMAGES © DROITE : RH2010/STOCK.ADOBE.COM

MuseumsQuartier

Un complexe muséal. **p. 84**

Canal du Danube

L'artère bleue de la ville. **p. 60**

Château de Schönbrunn
Palais d'été des Habsbourg. **p. 140**

Prater Un vaste parc et une fête foraine. **p. 136**

Muséum d'histoire naturelle
Météorites, fossiles et dinosaures. **p. 88**

Se restaurer

La cuisine viennoise reflète le passé de la ville, sous les voûtes de bars à vin éclairés à la bougie, sur les stands de saucisses ou dans les Beisln *(bistrots). Mais Vienne sait aussi manger au présent, avec ses cafés branchés, ses marchés multiethniques et ses tables aux saveurs du monde entier. Et regardant vers l'avenir, des chefs en quête de nouveaux horizons officient dans des lieux originaux.*

Spécialités locales

Schnitzels (photo) Escalopes panées, traditionnellement préparées avec du veau.

Goulasch On sert du *Rindsgulasch* (goulasch au bœuf) partout à Vienne.

Tafelspitz Cette pièce de bœuf premier choix est mijotée dans un bouillon de légumes, la *Suppengrün*, et servie avec une sauce au *Kren* (raifort).

Beuschel Abats (mou, cœur de veau en tranches) nappés d'une sauce crémeuse.

Backhendl Poulet pané frit, souvent appelé *steirischer Backhendl* (poulet frit styrien).

Apfelstrudel Strudel aux pommes.

Zwiebelrostbraten Tranches de bœuf rôti, sauce au jus de viande et oignons frits.

Schinkenfleckerln Gratin de pâtes au jambon cuit au four.

Bauernschmaus Viandes et saucisses sur lit de choucroute.

Kaiserschmarrn Crêpe sucrée aux raisins secs.

Marillenknödel Boulette à l'abricot (dessert d'été).

Budget

Fourchettes de prix pour un repas de deux plats, boissons non incluses :

€ moins de 15 €
€€ 15-30 €
€€€ plus de 30 €

Bonnes tables

Steirereck im Stadtpark La plus chic, au bord de la Vienne. (p. 130)

Lingenhel Traiteur-bar-restaurant, dans une maison vieille de 200 ans. (p. 132)

Plachutta La meilleure adresse pour déguster le *Tafelspitz* viennois. (p. 63)

Griechenbeisl Un *Beisl* (bistrot) de rêve, imprégné d'histoire. (p. 70)

Goulasch

Meierei im Stadtpark Le meilleur goulasch du monde, selon certains. (p. 131)

Glacis Beisl Goulasch authentique dans le MuseumsQuartier. (p. 96)

STEPANEK PHOTOGRAPHY/SHUTTERSTOCK ©

En-cas

Bitzinger Würstelstand am Albertinaplatz Stand de saucisses emblématique face à l'Opéra. (p. 47)

Naschmarkt Une multitude d'étals et de restaurants où se poser. (p. 115)

Trześniewski De succulentes tartines gourmandes. (p. 47)

Schnitzels

Figlmüller La maison autoproclamée du *schnitzel*. (p. 57)

Huth Gastwirtschaft Un néo-bistrot servant un excellent *Wiener Schnitzel*. (p. 69)

Végétarien et végan

Tian Établissement végétarien de haute cuisine. (p. 69)

Swing Kitchen De fabuleux burgers végans. (p. 96)

Vaut le détour

Das Loft (☎ 01-90 616 8110 ; www.dasloftwien.at ; 02, Praterstrasse 1 ; brunch 41-109 € ; 🕒 6h30-10h30 lun-ven, 7h-12h sam, 7h-11 dim et vacances, 18h-22h30 tlj ; P ❄ 📶 🥕 👪 ; U Schwedenplatz) Ce lieu high-tech, au 18e étage de l'hôtel SO/ Vienna, offre une vue panoramique sur la ville et le canal du Danube. Installé(e) dans des fauteuils en cuir, savourez un brunch ou un cocktail. Les menus du dîner proposent jusqu'à cinq plats de cuisine fusion.

Vienne dans votre assiette

La Sachertorte

KEMTER/GETTY IMAGES ©

★ Le top 5 des Sachertorte

Café Sacher (p. 50)

Demel (p. 50)

Café Mozart (p. 48)

Café Schwarzenberg (p. 112)

Café Sperl (p. 111)

La Sachertorte à Vienne

Franz Sacher créa la *Sacher-Torte* en 1832 pour le prince de Metternich. Son fils, Édouard, confia la recette et en accorda une licence d'exploitation à Demel en 1934. Jusqu'en 1963, une bataille juridique fit rage entre Demel et le Café Sacher au sujet de la propriété de la recette et de son nom. Un arrangement à l'amiable a attribué au café Sacher la propriété de l'expression « Original Sacher-Torte », tandis que Demel peut utiliser un sceau orné des mots « Eduard-Sacher-Torte ».

MOJMIR FOTOGRAFIE/SHUTTERSTOCK ©

Prendre un verre et faire la fête

Ici, l'histoire flirte avec l'avant-garde. On prend un verre aussi bien sous la voûte d'une cave à vin du XVIIIe siècle que dans un Biergarten *bruyant, un troquet bohème ou rétro, un bar à cocktails ou en toit-terrasse. La visite d'un* Heuriger *(taverne) s'impose aussi…*

KRZYSZTOF DYDYNSKI/LONELY PLANET ©

Grappe et grain

Les Viennois préfèrent le vin, mais la bière est aussi un élément-clé de leur culture. Vous goûterez sûrement :

Blauburgunder Pinot noir (rouge) complexe et fruité.

Grüner Veltliner Vin blanc frais, puissant, avec des notes d'agrume et de poire.

Riesling Vin blanc fruité à l'acidité prononcée.

Zweigelt Vin rouge corsé aux intenses arômes de griotte.

Dunkel Bière brune épaisse à la saveur très riche.

Helles Lager claire, peu houblonnée, au goût vif.

Pils Bière Pilsner fraîche, forte et souvent amère.

Märzen Bière rousse avec une robuste saveur de malt.

Zwickel Bière non filtrée d'aspect trouble.

Schnäpse (schnaps) Eau-de-vie de fruits, consommée en digestif.

Sites Internet

Falter (www.falter.at). Événements et soirées.

Vienna Online (www.vienna.at). Actualité des clubs, calendrier des événements.

Tourist Info Wien (www.wien.info). Soirées par thèmes.

Prix

Selon les lieux (le centre-ville est souvent plus cher), une bière coûte entre 2 et 5 €. Comptez 2 € pour un verre de vin du cru correct, 10 € pour un cocktail simple et 18 € environ pour une préparation plus élaborée.

Bars à vin

Sekt Comptoir Bar animé, proche du Naschmarkt, qui sert du *Sekt* (vin pétillant) du Burgenland. (p. 105)

Esterházykeller Sert des vins du domaine du palais Esterházy. (p. 50)

Villon Niché sous terre, dans une cave vieille de 500 ans. (p. 50)

Jakov's Weinkeller Le favori des vendeurs du Naschmarkt, le marché voisin. (p. 113)

HELEN CATHCART/LONELY PLANET ©

Microbrasseries

Siebensternbräu Un pub joyeux aux bières houblonnées (patio ouvert par beau temps). (p. 97)

Salm Bräu Lieu détendu, à côté du palais du Belvédère. (p. 133)

1516 Brewing Company Bières insolites, dont une à la myrtille. (p. 71)

Cocktails

Loos American Bar L'art du cocktail dans un cadre minimaliste signé Adolf Loos. (p. 49)

Melete Art Design Cocktails Cocktails maison inspirés des expositions présentées. (p. 97)

Kruger's American Bar Cocktails à l'ancienne dans un décor lambrissé des années 1920. (p. 70)

Barfly's Club Cocktails époustouflants, ambiance intimiste. (p. 112)

Vaut le détour

Wieninger (☎01-292 41 06 ; www.heuriger-wieninger.at ; 21, Stammersdorfer Strasse 78 ; ⌚16h-minuit jeu-ven, 14h-minuit sam, 12h-22h dim mi-févr. à mi-déc ; 🚌30Abis Freiheitsplatz) Petite merveille cachée, cet *Heuriger* convivial possède une lanterne magique, une cour avec arbres et plantes grimpantes éclairée à la bougie, un décor intérieur lambrissé très cosy. Bons vins légers et fruités (surtout des blancs) et gastronomie autrichienne.

Shopping

Forte d'un savoir-faire artisanal séculaire, Vienne l'élégante a pris son envol créatif dans le monde de la mode et du design. Que vous soyez à la recherche d'une porcelaine peinte à la main dans l'Innere Stadt, de streetwears tendance à Neubau ou de gourmandises dans le Freihausviertel, l'inspiration, la passion de la qualité et l'amour du détail seront au rendez-vous.

Quartiers commerçants

Kärntner Strasse La principale rue commerçante de l'Innere Stadt attire les foules.

Kohlmarkt Les boutiques chic se succèdent jusqu'à la magnifique Hofburg.

Neubau Les créateurs les plus branchés de la ville se trouvent dans les rues comme la Kirchengasse, la Lindengasse et la Neubaugasse.

Mariahilfer Strasse La rue où se trouvent les grands magasins.

Freihausviertel Les allées au sud du Naschmarkt regorgent de boutiques de design et de mode viennois, et d'épiceries fines.

Theobaldgasse Rue bordée d'échoppes où l'on trouve de tout, de la mode équitable aux aliments bio.

Marchés

Dans presque chaque quartier, au moins un marché de produits frais se tient du lundi au samedi, où se reflète la diversité ethnique de la population. Dans certains, des marchés de producteurs (*Bauernmärkte*) ont lieu le samedi matin : les agriculteurs viennent à la capitale proposer leurs légumes, fruits, jambons secs, œufs de poules élevées en plein air, schnaps maison et fleurs coupées. La ville organise aussi des *Christkindlmärkte* (marchés de Noël, p. 99) en hiver et des *Ostermärkte* (marchés de Pâques) au printemps. Outre les décorations de fête et les stands d'artisanat, ils proposent nourriture, boissons et jeux pour les enfants.

Marchés

Naschmarkt De loin le meilleur de Vienne pour les produits

MUELLEK JOSEF/SHUTTERSTOCK ©

alimentaires et la cuisine de rue. (p. 115)

Flohmarkt (photo) Marché aux puces. (p. 115)

Brunnenmarkt Une ambiance de bazar turc ! (p. 75)

Gastronomie

Staud's Gelées de vin, confitures d'abricot et chutneys. (p. 75)

Blühendes Konfekt Osez un bouquet de fines herbes enrobées de chocolat ou de fleurs confites. (p. 114)

Wald & Wiese Miel des ruches installées sur les toits de Vienne. (p. 70)

Zuckerlwerkstatt Confiseries traditionnelles à base de sucre autrichien. (p. 53)

Mode et accessoires

Runway La vitrine des jeunes créateurs autrichiens. (p. 99)

Ina Kent Des sacs au cuir souple et doux obtenu par tannage végétal. (p. 91)

S/GHT Magasin à la pointe de la création autrichienne et internationale. (p. 91)

Design

Das Möbel Du mobilier tout juste créé, à tester avant d'acheter autour d'un café. (p. 91)

Die Werkbank Showroom collectif de certains des créateurs les plus innovants de Vienne. (p. 91)

À savoir

Marchandage Pas de marchandage dans les magasins (sauf d'occasion), mais c'est un must sur les *Flohmärkte* (marchés aux puces).

Taxes La *Mehrwertsteuer* (MWST : TVA) est de 20 % sur la plupart des biens. Remboursement possible pour les visiteurs non-membres de l'UE pour les achats supérieurs à 75,01 € ; informations : www.globalblue.com.

Les cafés

Les cafés sont une tradition séculaire viennoise emblématique du Gemütlichkeit *– ce bien-être et cette langoureuse indulgence typiques de l'Autriche. Imposant ou modeste, tapissé d'affiches ou orné de lustres, c'est ici que vous pourrez vous mêler aux habitants pour un petit noir, une pâtisserie et une tranche de vie viennoise.*

La culture des cafés

En 2011, les cafés de Vienne ont été inscrits au Patrimoine culturel immatériel de l'Unesco, qui les définit comme "des lieux où le temps et l'espace sont consommés, mais où seul le café figure sur l'addition". Dans ces "salons viennois", l'art de vivre avec distinction et sans hâte est sacré. Un certain nombre de cafés insufflent toutefois une nouvelle créativité à cette institution.

Petit lexique

Demander un simple café risque fort de rendre perplexe votre serveur. Vous trouverez sur la plupart des cartes :

Brauner Café noir avec un soupçon de crème ; servi en format *gross* (grand) ou *klein* (petit).

Einspänner Café fort nappé de crème fouettée, servi dans un verre.

Verlängerter Un *Brauner* allongé.

Melange Un classique viennois : moitié café, moitié lait, garni de mousse de lait ou de crème fouettée.

Kapuziner Plus de lait que de café, et peut-être une pincée de chocolat râpé.

Mocca Parfois épelé *Mokka*, aussi appelé *Schwarzer* – café noir.

Eiskaffee Café frappé avec glace vanille et crème fouettée.

Maria Theresia Avec liqueur d'orange et crème fouettée.

Türkische Servi dans une cafetière en cuivre avec du marc de café et du sucre.

Cafés historiques

Café Sperl Bouffée de nostalgie et parties de billard dans ce bijou *Jugendstil* (Art nouveau). (p. 111)

ROSTISLAV AGEEV/SHUTTERSTOCK ©

Café Leopold Hawelka Hundertwasser et Warhol fréquentèrent jadis ce chaleureux café aux belles boiseries. (p. 49)

Café Schwarzenberg Magnifique café sur le Ring datant de 1861. (p. 112)

Café Sacher Le roi de la *Sachertorte*. (p. 50)

Diglas Un *Apfelstrudel* légendaire. (p. 72)

Vollpension Véritable trésor de 200 recettes de pâtisseries détenu par plusieurs générations de Viennois. (p. 109)

Musique Live

Café Prückel Piano de 19h à 22h le lundi, mercredi et vendredi dans un décor années 1950. (p. 63)

Diglas Installez-vous dans un box douillet pour écouter du piano à partir de 19h. (p. 72)

Pâtisseries

Demel (photo) Pâtisseries dont se régalait jadis l'empereur. (p. 50)

À savoir

Budget Il faut compter entre 3 et 6 € pour un café, entre 4 et 8 € pour une part de gâteau et environ 12 € pour un plat.

Heures d'ouverture En général à partir de 8h, avec une fermeture entre 19h et minuit (plus tôt le dimanche).

Repas De nombreux *Kaffeehäuser* servent aussi un *Frühstück* (petit-déjeuner) et un *Tagesteller* (plat du jour) à prix modéré le midi. Plats invariablement copieux.

Sortir

Opéra, musique classique, théâtre, concerts de rock ou de jazz... Les possibilités de sortie à Vienne sont innombrables. La capitale abrite le plus vieux théâtre de langue allemande, le Burgtheater, ainsi que les célèbres Wiener Sängerknaben *(Petits Chanteurs de Vienne, photo ci-contre) et l'Orchestre philharmonique de Vienne, qui joue au Musikverein, une salle à l'acoustique superbe.*

BAZZA/ALAMY STOCK PHOTO ©

Opéra

Vienne est un des hauts lieux de l'opéra. Les deux salles principales sont l'Opéra de Vienne, fermé en juillet-août, et le Theater an der Wien qui, lui, reste ouvert à cette époque.

Musique classique

L'offre est abondante. Les églises y ont une part importante : il s'y donne des récitals de Bach et de Händel, mais aussi toutes sortes de concerts classiques.

Rock et Jazz

La scène rock et jazz occupe tant les bars que les grandes salles. Programme (groupes locaux et internationaux, salles, dates) sur le site de **Falter** (www.falter.at). Le **Donauinselfest** (donauinselfest.at ; entrée libre ; ⏲fin juin) et le **Jazz Fest Wien** (www.viennajazz.org ; ⏲fin juin à mi-juil) en sont les événements phares.

Places debout

Certaines salles, dont l'Opéra et le Musikverein, vendent des places debout à petit prix.

Cinéma

OF ou *OV* signifie version originale, *OmU* version originale et sous-titres en allemand, *OmenglU* et *OmeU* version originale et sous-titres en anglais. Programmation : www.film.at.

Musique classique

Salles de concert de la Hofburg Les somptueuses Festsaal et Redoutensaal accueillent régulièrement des concerts de Strauss et de Mozart. (p. 51)

JONATHON STOKES/LONELY PLANET ©

Opéra de Vienne Un des plus célèbres au monde. (p. 102)

Musikverein Résidence de l'Orchestre philharmonique de Vienne. (p. 114)

Konzerthaus Une salle incontournable. (p. 134)

Radiokulturhaus Maison de la Radio viennoise. (p. 134)

Burgkapelle Les Petits Chanteurs y chantent le dimanche. (p. 40)

Théâtre et danse

Volkstheater Un prestigieux théâtre viennois. (p. 98)

Vienna's English Theatre Productions en anglais, de Shakespeare aux œuvres contemporaines. (p. 99)

Théâtre de marionnettes (photo) Des spectacles enchanteurs. (p. 145)

Tanzquartier Wien L'institution viennoise de la danse. (p. 87)

Rock et jazz

Konzerthaus Des salles cultes. (p. 134)

Jazzland Ce vieux club programme tous les styles de jazz. (p. 72)

Vaut le détour

MuTh (01-347 80 80 ; www.muth.at ; 02, Obere Augartenstrasse 1e ; concert des Petits Chanteurs de Vienne 9-50 € ; billetterie 16h-18h30 lun-ven et 1 heure avant les concerts ; U Taborstrasse) Mi-baroque, mi-contemporaine, cette salle de concert propose, en plus des Petits Chanteurs de Vienne, une programmation pointue en danse, théâtre, opéra, musique classique, rock et jazz.

Architecture

Sans le vouloir, les Ottomans ont grandement contribué au visage architectural actuel de Vienne. Le second siège turc de 1683 fut un échec ; les Habsbourg, libérés de la menace d'une guerre, consacrèrent toutes les sommes auparavant affectées à la défense de la ville au redéveloppement urbain, d'où une frénésie architecturale pendant la période baroque au XVIIe siècle et au début du XVIIIe.

Le rococo

Le rococo, un style élégant mêlant des teintes claires à une profusion d'argenté et de doré, fit fureur au XVIIIe siècle.

Le néoclassicisme, le Biedermeier et le Ring

Au XVIIIe siècle, et surtout au XIXe, les architectes, à Vienne comme dans le reste de l'Europe, optent pour une multitude de styles d'inspiration néoclassique.

La fin des guerres napoléoniennes et les célébrations associées au congrès de Vienne de 1815 marquent le début de la période Biedermeier (du nom d'une figure satirique de la classe moyenne créée dans un journal de Munich). Des artistes viennois créent à cette époque des meubles extraordinaires.

En 1857, François-Joseph Ier ordonne le démantèlement de l'enceinte de la capitale, remplacée par un boulevard circulaire, la Ringstrasse (Ring), bordée de magnifiques édifices impériaux.

Splendeurs architecturales

Cathédrale Saint-Étienne Cette cathédrale domine le centre historique de Vienne. (p. 56)

Palais du Belvédère Le plus beau des palais baroques viennois. (p. 118)

La Hofburg Six siècles et demi d'histoire impériale. (p. 38)

Château de Schönbrunn Beauté de l'architecture baroque, majesté des jardins. (p. 140)

Rathaus Hôtel de ville néogothique de Vienne, joyau du Ring. (p. 94)

Ci-dessus : pavillon de la Sécession (p. 108)

Circuits organisés

TRAVELVIEW/SHUTTERSTOCK ©

D'excellentes visites guidées permettent d'explorer Vienne : en bus, tram, bateau ou à pied (visites à thème possibles), à bord d'un mini hot rod *ou d'un* Fiaker *(calèche tirée par des chevaux).*

Balades en Fiaker (20 min/40 min 55/95 € ; ⌚10h-21h). Calèches sur Heldenplatz, Stephansplatz et Albertinaplatz.

Ring Tram (www.wienerlinien.at ; 01, Schwedenplatz, quai C ; adulte/enfant 12/6 € ; ⌚10h-17h30 ; 🚋1, 2 Schwedenplatz, U Schwedenplatz). Boucle de 25 min sur le Ring.

Hot Rod City Tour (www.hotrod-tour-wien.com ; 01, Judengasse 4 ; circuit 2 h 119 €/pers ; ⌚10h-20h ; 🚋1, 2 Schwedenplatz, U Schwedenplatz). Découverte de la ville en mini *hot rods* individuels.

Shades Tours (www.shades-tours.com ; 07, Impact Hub Vienna, Lindengasse 56 ; circuits 18 € ; U Zieglergasse). Visites à pied menées par d'anciens SDF.

Vienna Tour Guides (www.wienguide.at ; adulte/enfant 18/9 €). Visites thématiques à pied.

DDSG (www.ddsg-blue-danube.at ; 02, Handelskai 265 ; circuit 1 h30 adulte/enfant 25/12,50 € ; ⌚horaires variables ; 🚋1, 2 Schwedenplatz, U Schwedenplatz). Les bateaux Blue Danube proposent différentes croisières sur le fleuve.

Fiaker : des chevaux bien traités

Depuis 2016, les chevaux bénéficient de mesures règlementaires pour assurer leur bien-être. Pour en savoir plus, suivez le circuit "Secrets of the Fiaker", visite des écuries incluse, de **Riding Dinner** (☎0660 706 05 02 ; vienna.ridingdinner.com ; circuit 27,50 €/pers, avec dîner à partir de 299 €/calèche).

Activités

Vienne se prête aux activités de plein air. À l'ouest, le Wienerwald est sillonné de sentiers pédestres et cyclistes. À l'est, le Danube, l'Alte Donau, la Donauinsel et la Lobau sont propices à la navigation, la natation, au vélo et aux rollers. Parcourue par 1 200 km de pistes cyclables, la ville est parsemée de parcs, grands (Prater) et petits (Stadtpark).

CREATIVEMARC/SHUTTERSTOCK ©

Baignade

Badeschiff (www.badeschiff.at ; 01, Danube Canal ; adulte/enfant 6,50/2 € ; 8h-22h mai-sept ; 1, 2 Schwedenplatz, U Schwedenplatz). Piscine flottante longue de 28 m, comprend plusieurs ponts équipés de transats et de parasols. Ouverte l'été.

Strandbad Alte Donau (22, Arbeiterstrandbadstrasse 91 ; adulte/enfant 6,20/3,40 € ; 9h-19h lun-ven et 8h-19h sam-dim mi-mai à mi-sept ; U Alte Donau). Piscine estivale, sur le plan d'eau de l'Alte Donau, dotée d'équipements nombreux, dont un restaurant et un terrain de beach-volley.

Schönbrunnerbad (www.schoenbrunnerbad.at ; 13, Schloss Schönbrunn Schlosspark ; adulte/enfant billet demi-journée 13/9 €, billet soirée 10/8 € ; 8h30-22h juin à mi-août, 8h30-20h mi-août à début sept, 8h30-19h avr-mai et sept-mars ; ; U Schönbrunn). Le parc de Schönbrunn inclut un complexe aquatique en plein air : une piscine olympique (50 m) pour faire des longueurs, un bassin de 25 m, une pataugeoire pour les enfants, des saunas, un café.

Patinage sur glace

Wiener Eistraum (photo) (www.wienereistraum.com ; 01, Rathausplatz ; adulte/enfant à partir de 7,65 €, location patins préchauffés 7,20/4,50 € ; 10h-22h mi-jan-début mars ; D, 1, 2, 71 Rathausplatz/Burgtheater, U Rathaus). Au cœur de l'hiver, la place de l'hôtel de ville accueille deux patinoires reliées d'une surface totale de 9 000 m². Animations et DJ, vente de nourriture et de *Glühwein*.

Wiener Eislaufverein (www.wev.or.at ; 03, Lothringerstrasse 22 ; adulte/enfant 8,50/6,50 € ; 9h-20h sam-lun, 9h-21h mar-ven, fin oct-début mars ; D Schwarzenbergplatz, U Stadtpark). Cette patinoire en plein air de 6 000 m² est proche du Ring et du Stadtpark.

Vienne gratuit

Vienne offre un immense choix d'activités gratuites. Les promeneurs s'imprégneront d'une architecture viennoise spectaculaire à chaque coin de rue ; plusieurs musées, expositions, bâtiments publics, parcs et églises se visitent gratuitement ; et de fabuleux divertissements, événements et festivals s'apprécient sans bourse délier.

JULIA DAVILA-LAMPE/GETTY IMAGES ©

Expositions et musées

Certains musées sont gratuits pour les moins de 19 ans, et les expositions permanentes des 20 musées municipaux (www.wienmuseum.at) le sont le premier dimanche du mois.

Sortir

Les festivals et événements gratuits sont nombreux en été : concerts de rock, pop, folk et country au Donauinselfest (p. 20), opéras, opérettes et concerts au **Musikfilm Festival** (www.filmfestival-rathausplatz.at ; 01, Rathausplatz ; gratuit ; fin juin à début sept ; D, 1, 2 Rathaus, U Rathaus).

En avril, mai, juin, septembre et à la Saint-Sylvestre (veille du jour de l'An), des opéras sont retransmis en plein air sur un grand écran vidéo, installé à l'extérieur de l'Opéra de Vienne, où 180 chaises sont alors installées.

L'hiver, les *Christkindlmärkte* (marchés de Noël) sont des lieux de promenade enchanteurs.

Lieux en accès libre

Cathédrale Saint-Étienne L'aile nord de l'édifice est accessible gratuitement au public. (p. 56)

Rathaus Le splendide hôtel de ville de Vienne propose des visites guidées gratuites. (p. 94)

Zentralfriedhof Beethoven, Brahms, Strauss et Schubert figurent parmi les célébrités inhumées dans ce cimetière. (p. 129)

Prater Le parc de Vienne et les bois alentour, proches du canal du Danube. (p. 136)

Augarten Parc paysager du XVIIIe siècle avec chemins et prairies. (p. 139)

Avec des enfants

LEXAN/GETTY IMAGES ©

Vienne est une destination adaptée aux enfants. Ils y sont accueillis partout à bras ouverts : de nombreux musées s'efforcent d'adapter leurs expositions aux plus jeunes, des assiettes plus légères sont généralement proposées dans les restaurants, et les aires de jeux ne manquent pas pour qu'ils se défoulent.

Musées et attractions

Maison de la musique Expositions interactives adaptées à presque tous les âges pour appréhender la musique. (p. 66)

Muséum d'histoire naturelle Superbe galerie d'anthropologie où jouer les experts scientifiques. Possibilité d'y passer une nuit. (p. 88)

Zoom Expositions interactives et programme d'ateliers artistiques et artisanaux (de 8 mois à 14 ans). (p. 87)

Dschungel Wien Théâtre et danse jeune public. Spectacles parfois en anglais. (p. 87)

Kindermuseum Pour se déguiser en prince ou en princesse au musée des Enfants du château de Schönbrunn. (p. 145)

Théâtre des marionnettes Représentations de *La Flûte enchantée* ou d'*Aladin* dans ce théâtre du château de Schönbrunn. (p. 145)

Tiergarten (photo) C'est le plus ancien zoo du monde encore en activité. Les enfants adoreront rendre visite aux pandas géants, aux tigres de Sibérie et aux ours polaires et à leur petit, né en novembre 2019. (p. 145)

À savoir

Transports en commun Gratuits pour les moins de 6 ans ; allers simples à moitié prix pour les moins de 15 ans.

Restaurants Les tables à langer sont rares. De même, les menus enfant sont peu fréquents mais des portions adaptées sont souvent proposées.

Hôtels Des lits enfant sont généralement disponibles. Les enfants de moins de 12 ans séjournant dans la chambre de leurs parents bénéficient souvent de réductions.

Art

Vienne est l'une des capitales les plus fascinantes au monde du point de vue des arts visuels. Les Habsbourg ont énormément encouragé et soutenu les arts, d'où un riche patrimoine de peintures historiques et de sculptures remarquables à découvrir dans toute la ville, aujourd'hui assorti d'œuvres modernes et contemporaines.

ANTIQUARIAN IMAGES/ALAMY STOCK PHOTO ©

Jugendstil et Sécession

La version viennoise de ce mouvement artistique européen qu'est l'Art nouveau est le *Jugendstil* ("Style de la jeunesse"). À l'aube du XXe siècle, un groupe d'artistes développa un style typiquement viennois, débarrassé des aspects les plus décoratifs du *Jugendstil* : la Sécession. Nul n'embrassa mieux la sensualité du *Jugendstil* et de la Sécession que Klimt (*Le Baiser*, 1908 ; photo), un des artistes viennois les plus illustres.

Arts contemporains

Vienne possède une scène artistique contemporaine florissante axée sur la pluridisciplinarité et l'exploration des nouveaux médias. En réaction à des courants radicaux comme l'actionnisme, un collectif d'artistes viennois, les Neue Wilde, développe un art plus instinctif, avec des techniques et formes traditionnelles.

Musées et galeries

Musée des Beaux-Arts de Vienne Toiles de maîtres en abondance. (p. 78)

Albertina Collection exceptionnelle d'arts graphiques. (p. 44)

Palais du Belvédère La plus importante collection de Klimt au monde. (p. 118)

Leopold Museum Collection phare centrée sur l'art du XIXe siècle et le courant moderniste autrichiens. (p. 85)

MUMOK Collection d'art du XXe siècle. L'actionnisme viennois y est régulièrement représenté. (p. 85)

Pavillon de la Sécession Œuvres des sécessionnistes, dont la fameuse *Frise Beethoven* de Klimt. (p. 108)

Vienne en quatre jours

Jour 1

GREG ELMS/LONELY PLANET ©

Départ au cœur de Vienne : admirez la **cathédrale Saint-Étienne** (photo ; p. 56) et ses chefs-d'œuvre. Grimpez au sommet de la tour sud pour profiter du panorama ou enfoncez-vous sous terre pour découvrir l'ossuaire des **catacombes**.

Gagnez la **Hofburg** (p. 38) et éprouvez la grandeur de ce chef-d'œuvre architectural des Habsbourg. Choisissez un ou deux sites, les **Kaiserappartements** (p. 39) et le musée Sissi, par exemple.

Fin du parcours dans le vieux quartier de Spittelberg, autour d'un verre dans une brasserie à l'ancienne comme **Siebensternbräu** (p. 97), ou un bar branché comme le vintage **Liebling** (p. 95).

Jour 2

TUPUNGATO/SHUTTERSTOCK ©

Cap sur le **musée des Beaux-Arts** (photo ; p. 78) où vous passerez la matinée à admirer les toiles des grands maîtres. L'après-midi, abordez l'art sous un autre angle en visitant au moins un des musées du **MuseumsQuartier** (p. 84) : Le **Leopold Museum** (p. 85) et sa superbe collection d'art autrichien, ou le **MUMOK** (p. 85) et ses œuvres contemporaines souvent controversées.

En soirée, explorez les rues de l'Innere Stadt et les bars animés du centre, en admirant le cadre architectural de certains, tels le **Zwölf Apostelkeller** (p. 71) ou le **Kruger's American Bar** (p. 70).

Jour 3

MRGB/SHUTTERSTOCK ©

Partagez votre matinée entre les splendides jardins à la française et les galeries truffées d'œuvres d'art du **palais du Belvédère** (p. 118).

Rejoignez le **Prater** (photo ; p. 136), ses vastes espaces boisés et son parc d'attractions, le **Würstelprater**. La **Grande Roue** (Riesenrad), du XIXe siècle, a été immortalisée dans des films comme *Le Troisième Homme* (1949), *Tuer n'est pas jouer* (un James Bond) et, pour les cinéphiles, *Before Sunrise* de Richard Linklater, avec Julie Delpy et Ethan Hawke.

Leopoldstadt est un des quartiers les plus branchés de Vienne. Terminez la soirée au **Das Loft** (p. 11), qui offre un panorama époustouflant sur la ville.

Jour 4

JORG HACKEMANN/SHUTTERSTOCK ©

Découvrez l'extravagance baroque du **château de Schönbrunn** (p. 140) et de ses **jardins** à la française.

Flânez au **Naschmarkt** (photo ; p. 115) pour acheter de quoi pique-niquer ou asseyez-vous dans un des restaurants, avant de visiter un autre joyau baroque, l'église Saint-Charles (p. 108). Gagnez le **pavillon de la Sécession** (p. 108), où sont exposées les œuvres des membres de ce mouvement, dont la *Frise Beethoven* de Klimt (34 m de long).

Au bord de la rivière Vienne, les 5e et 6e arrondissements, Margareten et Mariahilf, regroupent de nombreux bars et discothèques. Sirotez du *Sekt* (vin pétillant) au **Sekt Comptoir** (p. 105) ou allez danser au **Club U** (p. 114).

Les basiques

Pour plus de détails, reportez-vous au Carnet pratique (p. 149)

Monnaie
Euro (€)

Langue
Allemand

Visas
Concernent les citoyens hors UE, mais en général non requis pour les courts séjours. En revanche, pré-autorisation ETIAS. Situation sanitaire : www.austria.info/

Argent
CB souvent refusées dans les hôtels et restaurants bon marché, les bars et cafés.

Téléphone portable
Pour les voyageurs européens, aucun frais d'itinérance. Les autres visiteurs doivent se renseigner.

Heure locale
Même fuseau horaire que la France (GMT +1h en hiver ; +2h en été).

Pourboire
Usage : + 10 % environ.

Budget quotidien

Moins de 100 €
Lit en dortoir : 25-30 €

Chambre double (auberge de jeunesse) : 40-65 € par personne

Courses ou plats du jour : 8,50-12 €

Musées peu chers : jusqu'à 8 €

Happy hour : bière/vin 2-5 €, cocktails 10-18 €

De 100 à 180 €
Chambre double (hôtel) : 65-110 €

Repas de deux plats avec un verre de vin : 30-40 €

Grands musées : 18 €

Plus de 180 €
Chambre double dans un hôtel de standing : à partir de 110 € par personne

Repas en plusieurs services avec vin : à partir de 90 €

Opéra ou théâtre : à partir de 40 €

À prévoir

Trois mois avant Réservez les billets pour l'Opéra de Vienne, les Petits Chanteurs de Vienne, l'École d'équitation espagnole et les grands événements.

Un mois avant Réservez dans les grands restaurants ; consultez l'agenda des événements à venir sur www.wien.info et le site des salles. Réservez les hébergements pour l'été et la saison des marchés de Noël.

Une semaine avant Consultez Falter (www.falter.at) pour des conseils en matière de bars et restaurants et réservez une table dans les établissements les plus courus pour les soirs de week-end.

Arriver à Vienne

Depuis l'aéroport international de Vienne

Le City Airport Train (CAT ; plan p. 106 ; www.cityairporttrain.com ; aller/aller-retour 12/21 € ; 1 Landstrasse-Wien Mitte, U Landstrasse) part de l'aéroport toutes les 30 min de 5h37 à 23h38, tous les jours de l'année. Moins cher mais plus lent, le train S7 (4,30 €, 37 minutes) gagne toutes les 30 min de 5h18 à 0h18 Wien-Mitte. Comptez de 30 à 60 € en taxi.

Gare centrale de Vienne

À 3 km au sud de la cathédrale Saint-Étienne, la gare centrale (Hauptbahnhof) reçoit les lignes internationales et régionales, et beaucoup de liaisons locales. Elle est reliée au centre-ville par le métro (ligne 1), les trams D et O, et le bus 13A. La course en taxi coûte environ 15 €.

Comment circuler

U U-Bahn (métro)

Rapide, confortable et sûr, il fonctionne de 5h à minuit du lundi au jeudi, et non-stop du vendredi 5h au dimanche minuit.

Tramway

Plus lent mais plus agréable. Selon les lignes, il fonctionne de 5h15 à 23h45 environ.

Bus

Fiables et ponctuels, avec plusieurs lignes pratiques, ils circulent généralement de 5h à minuit, avec un service sporadique ou inexistant le week-end.

Bus de nuit

Très utile pour les zones excentrées, il circule toutes les 30 min de 0h30 à 5h.

Les quartiers de Vienne

La Hofburg et ses environs (p. 37)
Joyau de ce quartier prestigieux, l'immense complexe palatial de la Hofburg héberge plusieurs musées et la célèbre École d'équitation espagnole.

Le quartier des musées et Neubau (p. 77)
Musées d'exception, ateliers de créateurs, bars et restaurants branchés… L'art est ici omniprésent.

Muséum d'histoire naturelle

MuseumsQuartier

Musée des Beaux-Art de Vienn

Château de Schönbrunn

Karlsplatz (p. 101)
Ce quartier dynamique est doté de marchés enchanteurs, de boutiques d'artisans, d'une vie nocturne animée et de salles de spectacles.

Centre historique (p. 55)

Élégantes rues commerçantes, pèlerinages musicaux, sites romains et juifs captivants...

Du palais du Belvédère au canal (p. 117)

Le Belvédère est le site phare de ce quartier vert, que distinguent aussi une architecture remarquable et des lieux de création.

Explorer Vienne

100 % viennois

Vue depuis la cathédrale Saint-Étienne (p. 56) VERONICKA/SHUTTERSTOCK ©

Explorer

La Hofburg et ses environs

Avec ses rues pavées où roulent des calèches, cette partie de l'Innere Stadt (centre) incarne la splendeur impériale de Vienne. Le magnifique ensemble palatial de la Hofburg abrite des musées et institutions célèbres, comme l'École d'équitation espagnole. D'autres musées sont situés plus au nord, vers la Stephansplatz.

Notre sélection

- ***La Hofburg (p. 38)*** *Promenade à travers l'ensemble monumental qu'est le palais de la Hofburg.*
- ***Les appartements impériaux (p. 39)*** *Visite des appartements des Habsbourg, du musée Sissi et de la Silberkammer.*
- ***L'École d'équitation espagnole (p. 40)*** *Un fascinant ballet équestre.*
- ***Musées de la Neue Burg (p. 41)*** *Instruments de musique historiques, armes et armures, objets mis au jour durant les fouilles réalisées par des archéologues autrichiens à Éphèse, en Turquie.*
- ***L'Albertina (p. 44)*** *Une inestimable collection d'arts graphiques dans un luxueux hôtel particulier.*

Comment y aller et circuler

U Herrengasse (U3) et Stephansplatz (U1, U3) sont les stations les plus proches, mais Museumsquartier (U2) peut être pratique pour aborder la Hofburg par la Heldenplatz.

Pratique pour venir depuis le Ring (D, 1, 2, 71 Ring/Volkstheater, Burgring et Kärntner Ring/Oper).

Plan de la Hofburg et ses environs p. 42

ROMAN BABAKIN/SHUTTERSTOCK ©

Incontournable

La Hofburg

Symbole par excellence du pouvoir impérial, la Hofburg fut la résidence des Habsbourg de 1279, sous le règne de Rodolphe Ier, jusqu'à la chute de la monarchie sous Charles Ier en 1918. Bâtie au XIIIe siècle pour servir de forteresse, puis progressivement transformée en un splendide palais, elle abrite aujourd'hui les bureaux du président autrichien, mais aussi des musées de premier ordre et des places imposantes.

PLAN P. 42, D3

Palais impérial

01-533 75 70

www.sissimuseum.hofburg.at

01, Michaelerplatz

D, 1, 2, 71 Burgring, U Herrengasse

Les appartements impériaux

Kaiserappartements (☎01-533 7570 ; 01, Michaelerplatz ; adulte/enfant 15/9 €, avec musée Sissi et Silberkammer ; visite guidée 18/10,50 € ; ⏲9h-18h juil-août, 9h-17h30 sept-juin). Ils furent la résidence officielle de François-Joseph Ier (1830-1916) et de son épouse Élisabeth, ou Sissi (1837-1898). Point fort du lieu, le **musée Sissi**, contient essentiellement les habits et bijoux de l'impératrice, une galerie de portraits et son masque mortuaire, réalisé après son assassinat à Genève en 1898, mais aussi la reconstitution de sa salle de gymnastique, équipée de barres et d'anneaux, et de son luxueux wagon privé.

Un audioguide, disponible en français, est inclus dans le prix d'entrée. La visite guidée couvre les appartements impériaux, le musée Sissi et la **Silberkammer** (collection d'argenterie), qui comprend notamment un service pour 140 convives.

La chambre du Trésor

Kaiserliche **Schatzkammer** (☎01-525 24-0 ; www.kaiserliche-schatzkammer.at ; 01, Schweizerhof ; adulte/enfant 14 €/gratuit ; ⏲9h-17h30 mer-lun). Le Trésor impérial rassemble des pièces inestimables d'une splendeur inégalée : la couronne impériale, des joyaux d'une richesse étonnante (une émeraude colombienne de 2 680 carats, des sabres turcs sertis de diamants...), le grand collier de l'ordre de la Toison d'or, le berceau du roi de Rome (Napoléon II)... Le Trésor sacré n'est pas en reste, avec notamment des reliques sacrées (un Saint Graal, des fragments supposés de la Vraie Croix, un clou de la crucifixion...) L'audioguide, disponible en français, est recommandé (6 €).

★ À savoir

- Pour visiter plusieurs sites du palais de la Hofburg et de ses environs, mieux vaut acheter un billet combiné (p. 46). Cette formule économique fait gagner du temps, puisque c'est un billet coupe-file.
- École d'équitation espagnole : réservez plusieurs mois à l'avance, au moins un mois pour une place debout. (p. 40)

Une petite pause ?

Croquez une saucisse au **Bitzinger Würstelstand am Albertinaplatz** (p. 47).

Pour un verre ou un repas traditionnel autrichien, attablez-vous à la terrasse ou dans la serre Art nouveau de la magnifique **Palmenhaus** (☎01-533 10 33 ; www.palmenhaus.at ; 01, Burggarten ; ⏲10h-23h ven, 9h-23h sam, 9h-22h dim ; 🚋D, 1, 2, 71 Burgring, U Karlsplatz, Museumsquartier).

L'École d'équitation espagnole

Spaniche Hofreitschule

(☎01-533 90 31-0 ; www.srs.at ; 01, Michaelerplatz 1 ; billet 27-140 €, place debout 14 € ; ⏲horaires variables). Cette institution est une survivance de la période des Habsbourg. À la lumière des lustres, cavaliers et cavalières continuent à rivaliser de grâce et de discipline sur leurs étalons lipizzans – autrefois élevés au haras impérial de Lipizza, en Slovénie, d'où leur nom.

Réservez plusieurs mois à l'avance pour obtenir un billet à l'un de ces spectacles équestres, au moins un mois pour une place debout (calendrier et billets en ligne). Les représentations ont habituellement lieu à 11h le dimanche de mi-février à juin et de mi-août à décembre, avec souvent des représentations supplémentaires le samedi, parfois en semaine. Durant la pause estivale, une variante du spectacle est donnée, "Piber meets Vienna" (billet 48-17 €). Il est possible d'assister à l'entraînement du matin (Morgenarbeit ; adulte/enfant 24 €/réduit (NC) ; ⏲10h-12h mi-févr à juin ; billets sur place uniquement).

Il existe aussi des visites guidées d'une heure en anglais et allemand (adulte/enfant 19/10 € ; ⏲13h, 14h, 15h, 16h mar-dim) , et des billets combinés avec le Morgenarbeit.

La Burgkapelle

Chapelle du palais impérial

(☎01-533 99 27 ; www.hofmusikkapelle.gv.at ; 01, Schweizerhof ; ⏲10h-14h lun et mar, 11h-13h ven ; 2A Heldenplatz,

(D, 1, 2, 71 Burgring, U Herrengasse). Elle fut édifiée au XIIIe siècle et décorée dans le style gothique entre 1447 et 1449. L'engouement baroque qui suivit a laissé peu de traces de cette époque gothique, si ce n'est la statuaire et la voûte en bois. C'est ici qu'a lieu le concert des **Petits Chanteurs de Vienne**, chaque dimanche à 9h15, de septembre à juin (billets 12-43 €). La chapelle est parfois fermée au public en juillet et en août.

Les musées de la Neue Burg

Neue Burg (01-525 24-0 ; www.khm.at ; 01, Heldenplatz ; adulte/enfant 18 €/gratuit ; audioguide 6 € ; 10h-18h mar-dim, 10h-21h jeu ; D, 1, 2, 71 Burgring, U Herrengasse, Museumsquartier). Le billet d'entrée donne accès à trois **musées édifiants.** Le **Sammlung alter Musikinstrumente** présente une très belle collection d'instruments de musique anciens. L'**Ephesos Museum** expose le résultat de fouilles effectuées par des archéologues autrichiens à Éphèse (Turquie) entre 1895 et 1906. Le Hofjad- und Rüstkammer est comme son nom allemand l'indique une **collection d'armes et d'armures des XVe et XVIe siècles.**

La Maison de l'Histoire d'Autriche

Haus der Geschichte Österreich/hdgö (01-534 10-805 ; www.hdgoe.at ; 01, Heldenplatz ; adulte/enfant 8 €/gratuit ; 10h-18h mar, mer et ven-dim, 10h-21h jeu ; visite guidée d'1h30 (anglais) adulte/enfant +4 €/+3 €, 15h sam ; D, 1, 2, 71 Burgring). Le premier musée d'histoire contemporaine d'Autriche a été inauguré en 2018. Son propos est de restituer l'histoire et les enjeux de la période qui va de 1850 à nos jours. Expositions, documents, photos et films illustrent l'évolution politique, culturelle, économique et sociale du pays : la fondation de la Première République en 1918, l'occupation nazie, des thèmes comme les migrations, la culture contestataire, la démocratie et les sciences... La collection est actualisée en permanence.

L'impératrice Élisabeth (Sissi)

Malgré l'imposante statue de Marie-Thérèse (1717-1780) qui trône au milieu de la Maria-Theresien-Platz, c'est Sissi (1837-1898) qui tient la vedette à Vienne. Dans les pays germanophones, elle fait l'objet d'un véritable culte, qui repose en grande partie sur la célèbre série de films tournés dans les années 1950 par Romy Schneider. Celle-ci a si bien incarné l'impératrice que, dans l'esprit du public, il est souvent devenu difficile de distinguer la réalité de la fiction.

A
B
C
D
1
2
3
4
5
6
Rathausplatz
Rathausplatz Burgtheater
Universitätsring (Ringstrasse)
Rathauspark
Bankgasse
Herrengasse
Strauchgasse
Minoritenplatz
Leopold-Figl-Gasse
Löwelstr
Herrengasse
5
Musée des Globes
B-Kreisky-Gasse
Stadiongasse/ Parlament
Schauflergasse
Ballhaus-platz
Volksgarten
Dr-Karl-Renner-Ring (Ringstrasse)
La Hofburg
In der Burg
Dr Karl-Renner-Ring
Ring Volkstheater
16
Heldenplatz
Bellariastr
22
Naturhistorisches
Maria-Theresien-Platz
Heldenplatz
Burgring (Ringstrasse)
Nos adresses
Les incontournables p. 38
Voir p. 44
Se restaurer p. 47
Prendre un verre p. 49
Sortir p. 51
Shopping p. 53
8
Burggarten
Burgring
Babenbergerstr
Jugendinfo
0
200 m
N

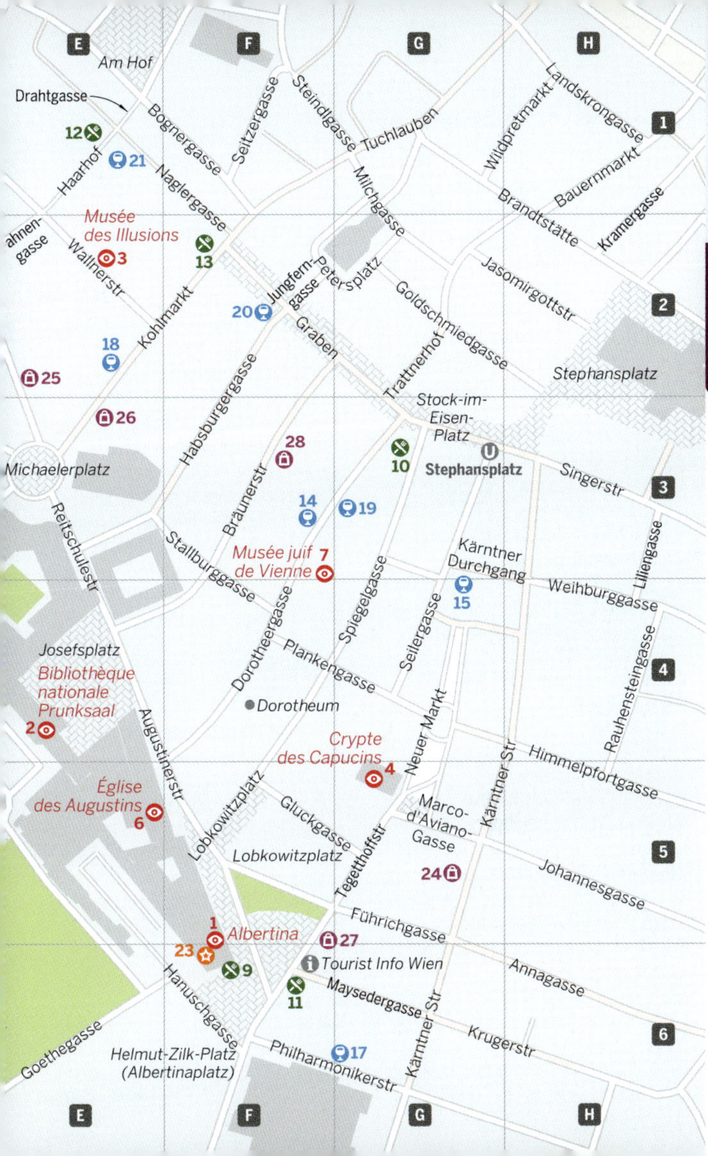
E
F
G
H
1
2
3
4
5
6
Am Hof
Drahtgasse
Bognergasse
Seitzergasse
Steindlgasse
Tuchlauben
Landskrongasse
Wildpretmarkt
Bauernmarkt
Haarhof
Naglergasse
Milchgasse
Brandtstätte
Kramergasse
Musée des Illusions
Wallnerstr
Jungfern-gasse
Petersplatz
Jasomirgottstr
Goldschmiedgasse
Kohlmarkt
Graben
Trattnerhof
Stephansplatz
Stock-im-Eisen-Platz
Habsburgergasse
Michaelerplatz
Bräunerstr
Stephansplatz
Singerstr
Reitschulestr
Stallburggasse
Musée juif de Vienne
Kärntner Durchgang
Weihburggasse
Liliengasse
Spiegelgasse
Seilergasse
Dorotheergasse
Josefsplatz
Bibliothèque nationale Prunksaal
Plankengasse
Rauhensteingasse
Dorotheum
Neuer Markt
Augustinerstr
Crypte des Capucins
Himmelpfortgasse
Kärntner Str
Église des Augustins
Lobkowitzplatz
Gluckgasse
Marco-d'Aviano-Gasse
Lobkowitzplatz
Tegetthoffstr
Johannesgasse
Führichgasse
Albertina
Tourist Info Wien
Annagasse
Maysedergasse
Hanuschgasse
Goethegasse
Krugerstr
Kärntner Str
Helmut-Zilk-Platz (Albertinaplatz)
Philharmonikerstr
1
2
3
4
6
7
9
10
11
12
13
14
15
17
18
19
20
21
23
24
25
26
27
28

Voir

Albertina MUSÉE

1 PLAN P. 42, F5

Ancien hôtel particulier réservé aux invités des Habsbourg, l'Albertina doit d'abord sa renommée à sa collection d'arts graphiques signés Dürer, Michel-Ange, Raphaël, Rembrandt, Schiele ou Klimt, mais aussi à la collection Baltiner, qui réunit un ensemble de toiles de Monet à Picasso. Ses expositions temporaires sont à chaque fois un événement culturel de premier plan. Des audioguides (3 €) informent sur les œuvres et l'histoire des lieux. (01-534 830 ; www.albertina.at ; 01, Albertinaplatz 1 ; adulte/enfant 16,90 €/gratuit ; 10h-18h sam-mar et jeu, 10h-21h mer et ven ; D, 1, 2, 71 Kärntner Ring/Oper, U Karlsplatz, Stephansplatz)

Bibliothèque nationale Prunksaal BIBLIOTHÈQUE

2 PLAN P. 42, E4

Logée dans la Neue Burg, l'**Österreichische Nationalbibliothek** possède d'impressionnantes collections de papyrus, cartes et globes (voir 5). Sa Prunksaal (salle d'apparat), conçue dans le premier quart du XVIIIe siècle par Fischer von Erlach, à qui l'on doit notamment le château de Schönbrunn (voir p. 140), en fait la plus belle bibliothèque baroque d'Europe, et la plus grande avec ses quelque 200 000 tomes reliés en cuir. (01-534 10 ; 01, Josephplatz 1 ; adulte/enfant 8 €/gratuit ; audioguide 3 € ; 10h-18h ven-mer, 10h-21h jeu, fermé lun oct-mai ; D, 1, 2, 71 Burgring, U Herrengasse, Museumsquartier)

Musée des Illusions MUSÉE

3 PLAN P. 42, E2

Le **Museum der Illusionen** réjouira petits et grands grâce à 40 illusions d'optiques et installations interactives : stéréogrammes (images 3D avec des objets "cachés"), salles inclinées, mirages, kaléidoscope géant, salle des miroirs, tunnel d'images tournantes qui font perdre l'équilibre... (www.museumderillusionen.at ; Wallnerstrasse 4 ; adulte/5-8 ans/0-4 ans 13/9 €/gratuit ; 10h-18h lun-ven, 10h-19h sam-dim ; U Herrengasse)

Crypte des Capucins MAUSOLÉE

4 PLAN P. 42, G5

Dans la **Kapuzinerkirche** (église des Capucins ; 01-512 68 53 ; 01, Tegethoffstrasse 2 ; 8h-18h), la crypte impériale (Kaisergruft) est la dernière demeure de la plupart des membres de la famille des Habsbourg, notamment de la célèbre Sissi. Les dépouilles de l'impératrice Anne (1585-1618) et de son époux l'empereur Matthias (1557-1619) furent les premières à être inhumées dans cet imposant caveau, selon la volonté de Ferdinand II. Ici reposent 149 Habsbourg, dont 12 empereurs et 19 impératrices.

Seuls 3 Habsbourg brillent par leur absence : le dernier empereur, Charles Ier, mort en exil à Madère ; Marie-Antoinette, qui repose à Paris ; le duc de Reichstadt, fils de la seconde épouse de Napoléon Ier, Marie-Louise, dont la dépouille fut transférée à Paris par les nazis en 1940.

Sont également exposées des urnes contenant les viscères des Habsbourg. Ils avaient en effet le privilège de voir leurs restes répartis entre l'église des Augustins (cœur) et la crypte des Capucins. Des visites guidées en anglais (1 heure) ont lieu à 15h30, en allemand à 14h. (www.kapuzinergruft.com ; adulte/enfant 8/4,80 €, avec visite guidée 11,50/8,20 € ; 🕘10h-18h ; U Stephansplatz)

Musée des Globes — MUSÉE

5 PLAN P. 42, D2

Installé palais Mollard, le **Globenmuseum** est dédié à la cartographie, Parmi sa collection de globes terrestres et de cartes du XIXe siècle se cachent quelques trésors du XVIe siècle, dont un globe réalisé par Mercator pour l'empereur Charles Quint en 1541. Il est régi par la Bibliothèque nationale, comme le **musée de l'Espéranto** (au rdc) et le **musée du Papyrus** (fragments remarquablement conservés du *Livre des morts*). Billet unique pour les trois. (☎01-534 10-710 ; www.onb.ac.at ; 01, Herrengasse 9, 1er ét. ; adulte/enfant 8 €/gratuit ; audioguide 3 € ; 🕘10h-18h sauf

Crypte des Capuçins

KARL ALLEN LUGMAYER/SHUTTERSTOCK ©

Billets combinés

De multiples billets combinés permettent de visiter la Hofburg et les musées des environs.

Sisi Ticket (Billet Sissi ; adulte/enfant 36/23 €). Appartements impériaux, musée Sissi, Silberkammer avec audioguide, château de Schönbrunn et musée du Meuble (Hofmobiliendepot).

Musées de la Neue Burg (adulte/enfant 18 €/gratuit). Musées de la Neue Burg, musée d'Ethnologie.

Billet annuel Kunsthistorisches Museum Wien (adulte/moins de 25 ans 49/25 €). Musée des Beaux-Arts de Vienne, musées de la Neue Burg, chambre du Trésor, musée du Théâtre, Kunstkammer, Wagenburg, château d'Ambras (près d'Innsbruck).

Schatz der Habsburger (Trésors des Habsbourg ; adulte/enfant 24 €/gratuit). Musée des Beaux-Arts de Vienne, musées de la Neue Burg, chambre du Trésor.

Masterticket (adulte/enfant 24 €/gratuit). Musée des Beaux-Arts de Vienne, musées de la Neue Burg, Leopold Museum.

Die Kostbarkeiten des Kaisers (Trésors des empereurs ; adulte/enfant 24 €/gratuit). Chambre du Trésor, Morgenarbeit (entraînement matinal) à l'École d'équitation espagnole.

Nationalbibliothek Universal-Wochenticket (adulte/enfant 19 €/gratuit). Prunksaal, musée de l'Espéranto, musée des Globes, musée du Papyrus, Literaturmuseum. Valable 7 jours.

10h-21h jeu, fermé lun oct-mai ; tram D, 1, 2, 71 Burgring, U Herrengasse)

Église des Augustins ÉGLISE

6 PLAN P. 42, E5

L'intérêt véritable de l'**Augustinerkirche**, église gothique du XIVe siècle, réside dans la **Herzgruft,** crypte où sont déposées les urnes en argent recelant le cœur de 54 souverains Habsbourg. De nombreux mariages de la dynastie y furent célébrés. La crypte est ouverte le dimanche après la messe de 11h, célébrée avec chœur complet et orchestre. Venez vers 12h30.

L'édifice accueille régulièrement des concerts de musique classique (informations : hochamt.augustiner.at). On peut surprendre parfois un chœur en pleine répétition. (☎01-533 70 99 ; augustinerkirche.augustiner.at ; 01, Augustinerstrasse 3 ; 🕒7h30-17h30 lun, 7h30-18h mer et ven, 7h30-19h mar-jeu, 8h30-19h30 sam-dim ; U Stephansplatz, Herrengasse)

Musée juif de Vienne MUSÉE

7 PLAN P. 42, F3

Aménagé dans le palais Eskeles, le **Jüdisches Museum** présente l'histoire des juifs viennois, de la première communauté installée sur la Judenplatz au XIIIe siècle jusqu'à nos jours. Des expositions temporaires complètent une collection permanente (de 1945 à nos jours), dont le point d'orgue est la merveilleuse collection d'art cérémoniel au dernier étage. Le billet d'entrée, valable 4 Jours, donne accès au musée de la Judenplatz (p. 67). (☎01-535 04 31 ; www.jmw.at ; 01, Dorotheergasse 11 ; adulte/enfant avec musée de la Judenplatz 12 €/gratuit ; 10h-18h dim-jeu, 10h-14h ven ; U Stephansplatz)

Burggarten JARDINS

8 PLAN P. 42, D6

Blotti contre la Hofburg, ce jardin d'agrément est une oasis où échapper à l'agitation du Ring et de l'Innere Stadt. Mozart, du moins sa statue de marbre, est le résident le plus célèbre du parc, entre autres statues, dont celle de François-Joseph Ier en uniforme militaire.

Côté Innere Stadt, s'élèvent la **serre aux papillons** (Schmetterlinghaus ; ☎01-533 85 70 ; www.schmetterlinghaus.at ; 01, Burggarten ; adulte/enfant 7/4 € ; 10h-16h45 lun-ven, 10h-18h15 sam-dim avr-oct, 10h-16h nov-mars ; U Karlsplatz) et le superbe café Jugendstil Palmenhaus (p. 39). (www.bundesgaerten.at ; 01, Burgring ; gratuit ; 6h-22h avr-oct, 7h30-17h30 nov-mars ; D, 1, 2, 71 Burgring, U Museumsquartier)

Se restaurer

Bitzinger Würstelstand am Albertinaplatz STREET FOOD €

9 PLAN P. 42, F6

Derrière l'Opéra, ce stand de saucisses est un lieu culte. Après les représentations, on peut voir à Bitzinger des spectateurs en tenue de soirée, boire du vin, de la bière ou du champagne tout en grignotant des saucisses en terrasse ou au comptoir chauffé, avec moutarde *Süss* (douce) ou *Scharf* (extra forte). (www.bitzinger-wien.at ; 01, Albertinaplatz ; saucisses 4,80-5,60 € ; 9h-2h ; D, 1, 2, 71 Kärntner Ring/Oper, U Karlsplatz, Stephansplatz)

Trześniewski TARTINES €

10 PLAN P. 42, G3

Depuis 1902, Trześniewski sert de délicieuses petites tartines. Faites votre choix parmi les 22 garnitures, faisant essentiellement appel à des produits autrichiens (foie de poulet, saumon fumé, sauce au raifort, poivrons, œufs, concombres, etc.), à déguster sur du pain noir. Cet établissement a créé onze succursales à Vienne. (☎01-512 32 91; www.trzesniewski.at ;

La maison Loos

La Looshaus est un bel exemple de l'architecture moderniste d'Adolf Loos (1870-1933), face à la Hofburg, Michaelerplatz. Construite entre 1909 et 1911, sa façade austère déplut tant à l'empereur François-Joseph qu'il ordonna que l'on tire les rideaux des fenêtres du palais ayant vue sur la maison. Son absence d'ornements au niveau des fenêtres lui valut le surnom de "maison sans sourcils". C'est aujourd'hui le siège d'une banque.

01, Dorotheergasse 1 ; tartines 1,50 € ; 8h30-19h30 lun-ven, 9h-18h sam, 10h-17h dim ; U Stephansplatz)

Café Mozart

CAFÉ **€€**

11 PLAN P. 42, F6

Ce café fondé en 1794 sert, à l'intérieur ou en terrasse, des pâtisseries purement viennoises : l'*Apfelstrudel* (strudel aux pommes), l'*Esterhazy Torte* (gâteau fait de couches de pâte meringuée aux amandes), la *Sachertorte* (p. 12) et le *Rehrücken* (bûchette chocolat-amande). En plats principaux figurent à la carte le *Tafelspitz* (bœuf bouilli) accompagné d'une salade de pommes de terre et d'épinards à la crème, ou le goulash de bœuf aux boulettes de pain. (01-241 00-200 ; www.cafe-mozart.at ; 01, Albertinaplatz 2 ; pâtisseries 7,20-10 €, plats 11-25,50 € ; 7h30-20h, bar 8h-minuit ; ; U Karlsplatz)

Bierhof

AUTRICHIEN **€€**

12 PLAN P. 42, E1

Un étroit passage conduit à une charmante cour arborée, avec des tables sous des parasols, où déguster une cuisine maison traditionnelle : *Eiernockerl* (boulettes aux œufs et à la farine), *Tiroler Gröstl* (porc, patates, bacon et œuf à cheval), *Tiroler Leber* (foie, compote de pommes et haricots verts) ou encore *Wiener Schnitzel* aux pommes de terre persillées. En semaine, le menu de midi ne coûte que 8,20 €. (01-533 44 28 ; www.bierhof.at ; 01, Haarhof 3 ; plats à partir de 11 € ; NC au momet de mettre sous presse ; ; U Herrengasse)

Julius Meinl's am Graben

INTERNATIONAL **€€**

13 PLAN P. 42, F2

C'est la grande épicerie fine du Graben, où vous pourrez vous asseoir pour déguster un excellent café. Pour tous ceux qui sont un peu pressés et souhaitent emporter de quoi grignoter ou déjeuner, "Meinl to go" propose des menus qui changent tous les jours, des plats de pâte, des plats maison, des salades, des sandwichs et des petits desserts (www. meinlamgranben.at ; menu 19,30 € ; 8h-19h30 lun-ven, 9h-18h sam ; ; U Stephansplatz)

Prendre un verre

Café Leopold Hawelka

CAFÉ

14 PLAN P. 42, F3

Ce café intemporel fait partie intégrante de l'histoire viennoise. Il fut créé en 1939 par Leopold et Josefine Hawelka, dont les descendants continuent de préparer la spécialité de la maison, les *Buchteln* (brioches fourrées à la confiture et saupoudrées de sucre) d'après la recette secrète de Josefine. De nombreux écrivains et artistes sont passés là : Friedensreich Hundertwasser, Elias Canetti, Arthur Miller, Andy Warhol, notamment. (hawelka.at ; 01, Dorotheergasse 6 ; 8h-minuit lun-jeu, 8h-1h ven-sam, 10h-20h dim ; U Stephansplatz)

Loos American Bar

BAR À COCKTAILS

15 PLAN P. 42, G4

Idéal pour boire un cocktail dans l'Innere Stadt, par exemple un dry martini préparé dans les règles de l'art. Conçu par l'architecte autrichien Adolf Loos en 1908, ce minuscule bar de 27 m² (une vingtaine de places) est couvert d'onyx, de marbre, d'acajou et de laiton poli du sol au plafond. Ses murs tapissés de miroirs le font paraître plus grand qu'il ne l'est. (www.loosbar.at ; 01, Kärntner Durchgang 10 ; 12h-minuit ; U Stephansplatz)

Adolf Loss, l'anti-Jugendstil

À l'opposé des artistes de la Sécession viennoise, l'architecte Adolf Loos (1870-1933) considérait que toute ornementation architecturale était un facteur de laideur. Il privilégiait au contraire la simplicité et la sobriété des façades, les formes cubiques et la fonctionnalité des espaces, tant des habitations privées que des lieux ouverts au public. Au point que le Café Museum sur la Karlsplatz, dont il conçut l'intérieur, fut appelé par ses contemporains "Café Nihilismus" en raison de l'austérité de l'aménagement ! Sa conception de l'architecture a influencé nombre de grands noms du XXe siècle, dont Le Corbusier. Il est considéré comme un des grands précurseurs de l'architecture moderne. L'aménagement du Loos American Bar a acquis une renommée nationale.

Volksgarten ClubDiskothek

CLUB

16 PLAN P. 42, B4

Au centre des pelouses du Volksgarten, ces bâtiments du début du XIXe siècle proposent trois espaces : le bar lounge Wintergarten à la déco années 1950, la Cortic

Säulenhalle ("salle aux colonnes"), qui accueille des concerts et des soirées à thème, et le ClubDiskothek. Programme en ligne. (www.volksgarten.at ; 01, Burgring 1 ; 21h-6h jeu, 23h-6h ven-sam avr à mi-sept ; D, 1, 2, 71 Ring/Volkstheater, U Museumsquartier, Volkstheater)

Café Sacher

CAFÉ

17 PLAN P. 42, G6

Avec son bataillon de serveurs et son atmosphère aristocratique, ce "grand café" doit sa célébrité à sa *Sachertorte* (p. 12). Pour apprécier cette expérience à part entière, installez-vous sous son immense lustre, ou en terrasse ; juste à côté, le Sacher Eck est un salon de thé années 1920, proposant la même carte. (www.sacher.com ; 01, Philharmonikerstrasse 4 ; 8h-21h ; D, 1, 2, 71 Kärntner Ring/Oper, U Karlsplatz)

Demel

CAFÉ

18 PLAN P. 42, E2

À deux pas de la Hofburg, cet élégant café possède un sublime salon rococo. Parmi les spécialités de Demel, citons la *Annatorte* (un concentré de calories à la crème et au nougat) et la *Fächertorte* (aux pommes, noix, graines de pavot et confiture de prunes). En vitrine, des œuvres d'art comestibles toujours différentes (des ballerines ou des bonsaïs, par exemple). (www.demel.at ; 01, Kohlmarkt 14 ; 10h-19h ; 1A, 2A Michaelerplatz, U Herrengasse, Stephansplatz)

Kaffee Rösterei Hawelka

CAFÉ

19 PLAN P. 42, G3

Le célèbre Café Leopold Hawelka (p. 49) est son propre torréfacteur. On peut trouver ce délicieux café, à déguster sur place ou à acheter en grains, derrière la devanture vitrée de ce tout nouveau café-boutique (inauguré en 2019). (www.hawelka.at ; 01, Dorotheergasse 7 ; 10h-18h mar-dim ; U Stephansplatz)

Villon

BAR À VIN

20 PLAN P. 42, F2

Cette cave à vin vieille de 500 ans est nichée 16 m sous terre, autant dire que vous n'y aurez pas de réseau pour votre téléphone. Répartis sur quatre niveaux, l'établissement offre un cadre intérieur moderne et élégant, dont la salle principale en bois clair, où l'on commande du vin au verre ou à la bouteille, à accompagner de parmesan, de pain et olives, et d'une spécialité viennoise, le jambon de Thun. (www.villon.at ; 01, Habsburgergasse 4 ; 18h-minuit mar-sam ; U Herrengasse, Stephansplatz)

Esterházykeller

TAVERNE

21 PLAN P. 42, E1

Niché dans une cour paisible près du Kohlmarkt, cet *Heurigen* (taverne) possède une immense cave au décor rustique, avec armes médiévales et outils agricoles, où l'on sert d'excellents vins (et bières) du domaine viticole du palais Esterházy, à Eisenstadt.

À côté, l'Esterházy Stüberl (restaurant ; plats 14,50-23,10 €) ouvre en semaine de 11h à 23h. (01-533 34 82 ; www.esterhazykeller.at ; 01, Haarhof 1 ; 17h-23h ; U Stephansplatz, Herrengasse)

Sortir

Salles de concert de la Hofburg

MUSIQUE CLASSIQUE

22 PLAN P. 42, D4

Les magnifiques salles de concert de la Hofburg, **Festsaal** et **Redoutensaal**, accueillent des concerts de Strauss et de Mozart, interprétés par l'Orchestre de la Hofburg et des solistes du Staatsoper (Opéra de Vienne) et du Volksoper. Les billets n'étant pas placés, il faut arriver tôt pour obtenir une bonne place. (01-587 25 52 ; www.hofburgorchester.at ; 01, Heldenplatz ; concerts 20h30 ; billets 45-110 € ; D, 1, 2, 71 Burgring ; U Herrengasse)

Musée autrichien du Film

CINÉMA

23 PLAN P. 42, F6

Situé dans l'Albertina (p. 44), l'**Österreichisches Filmmuseum** projette des films en VO du monde entier, avec ou sans sous-titres, en présence d'un ou plusieurs réalisateurs, ou sur un thème spécifique, les cycles durant plusieurs semaines. Les projections se font habituellement à 18h45 ; consultez le site Internet. (01-533 70 54 ; www.filmmuseum.at ; 01, Auginerstrasse 1 ; adulte/enfant 10,50/6 € ; projections

Orchestre de la Hofburg

Les compositeurs en un clin d'œil

Voici quelques-uns des compositeurs célèbres qui sont nés à Vienne ou qui y ont vécu ou travaillé :

Christoph Willibald Gluck (1714-1787). *Orphée et Eurydice* (1762) et *Alceste* (1767) sont ses œuvres principales.

Wolfgang Amadeus Mozart (1756-1791). Il a composé plus de 626 œuvres, dont *Les Noces de Figaro* (1786), *Don Giovanni* (1787), *La Flûte enchantée* (1791). *Le Requiem*, écrit pour sa propre mort, est une des œuvres les plus poignantes du répertoire classique.

Joseph Haydn (1732-1809). Il a composé 108 symphonies, 68 quatuors à cordes, 47 sonates pour piano et une vingtaine d'opéras. Citons sa *Symphonie n° 102 en* si *bémol majeur* et un oratorio, *La Création*.

Ludwig van Beethoven (1770-1827). Il étudia brièvement avec Mozart à Vienne en 1787, puis y revint fin 1792. À 32 ans, devenu presque totalement sourd, il commença à écrire certaines de ses plus belles pièces. Parmi ses œuvres majeures, citons la *Symphonie n° 9 en* ré *mineur*, la *Symphonie n° 5*, ses quatuors à cordes tardifs.

Franz Schubert (1797–1828). Schubert est né et a grandi à Vienne. Ce compositeur prolifique est connu surtout pour sa dernière symphonie (la grande *Symphonie en* ut *majeur*), sa *Messe en* mi *bémol majeur* et sa *Symphonie inachevée*.

Les Strauss et la valse. Les premiers maîtres du genre furent Johann Strauss père (1804-1849) et Joseph Lanner (1801-1843). Johann Strauss fils (1825-1899) signa plus de 400 valses, dont *Le Beau Danube bleu* (1867).

Anton Bruckner (1833-1897). Ses œuvres comprennent la *Symphonie n° 8 en do mineur*, la *Symphonie n° 9* et la *Messe en ré mineur*.

Johannes Brahms (1833-1897). À l'âge de 29 ans, il s'installa à Vienne, où nombre de ses pièces furent jouées par l'orchestre philharmonique de la ville. *Un requiem allemand* (1868) est l'une des plus belles.

Gustav Mahler (1860-1911). Il est connu surtout pour ses neuf symphonies. On lui doit notamment *Le Chant de la Terre* (1907) et les symphonies n°1, 5 et 9.

sept à début juin ; D, 1, 2, 71 Kärntner Ring/Oper, U Karlsplatz)

Shopping

J&L Lobmeyr Vienna VERRERIE

24 PLAN P. 42, G5

En haut d'un escalier en fer forgé se tient l'une des plus belles boutiques de Vienne où, sous la lumière des lustres, étincellent des pièces de style Biedermeier, des services dessinés par Loos, des verres et des porcelaines. Ancien fournisseur de la cour impériale, Lobmeyr existe depuis 1823. (www.lobmeyr.at ; 01, Kärntner Strasse 26 ; 10h-19h lun-ven, 10h-18h sam ; U Stephansplatz)

Zuckerlwerkstatt CONFISERIE

25 PLAN P. 42, E2

Des recettes oubliées sont ressuscitées dans cet "atelier du sucre" pour réaliser des confiseries traditionnelles. Les berlingots rayés, pâtes de fruits, sucettes, sucres d'orge et bonbons sont joliment présentés dans des bocaux en verre. (www.zuckerlwerkstatt.at ; 01, Herrengasse 6-8 ; 10h-18h lun-sam ; U Herrengasse)

Rozet und Fischmeister BIJOUX

26 PLAN P. 42, E3

Cette bijouterie qui fournissait la cour impériale est toujours aux mains de la famille des fondateurs. Bijoux raffinés et argenterie. Restaurations, réparations et gravures possibles. (www.rozetundfischmeister.at ; 01, Kohlmarkt 11 ; 11h--18h lun-ven, 10h30-15h sam ; U Herrengasse)

Musée Sigmund Freud

L'ancien appartement et cabinet de consultation de Freud a rouvert à la visite, après rénovation. Objets et meubles d'époque, documents et films. (www.freud-museum.at ; 09, Bergasse 19 ; adulte/enfant 14/5 € ; 10h-18h mer-dim ; U Schottentor)

Bonbons Anzinger CHOCOLATS

27 PLAN P. 42, F5

Truffes et pralines artisanales. Salon de thé à l'étage. Spécialités : la *Mozartkugel*, une bouchée au chocolat noir fourrée de pâte d'amandes à la pistache et de nougat. Pain d'épices à Noël. (www.bonbons-anzinger.at ; 01, Tegetthoffstrasse 7 ; 10h-18h lun-sam, 12h-16h dim ; D, 1, 2, 71 Kärntner Ring/Oper, U Karlsplatz)

Gmundner VAISSELLE

28 PLAN P. 42, F3

Gmundner produit de la vaisselle en céramique artisanale peinte à la main depuis 1492. Plus de la moitié des foyers autrichiens posséderaient au moins une pièce de cette maison. (www.gmundner.at ; 01, Bräunerstrasse 3 ; 10h-18h lun-ven, 10h-17h sam ; U Stephansplatz)

Explorer

Le centre historique

C'est dans les rues qui entourent son monument le plus emblématique, la cathédrale gothique Saint-Étienne, que bat le cœur de Vienne. Dédale de ruelles pavées et d'élégantes rues bordées d'édifices baroques aux tons pastel, le quartier du centre est le plus ancien de la ville. Il englobe le quartier juif médiéval au nord-ouest, descend jusqu'à la rive sud du canal du Danube, et couvre le nord-est et l'est de la Stephansplatz.

Notre sélection

- **Cathédrale Saint-Étienne (p. 56)**. *La célèbre cathédrale gothique au décor architectural raffiné.*
- **Maison de la musique (p. 66)**. *Musée novateur et interactif où diriger son propre orchestre virtuel.*
- **Maison de Mozart (p. 66)**. *La seule maison viennoise de Wolfgang Amadeus Mozart encore debout. Il y composa* Les Noces de Figaro.
- **Musée de la Littérature (p. 66)**. *Les grandes figures de la littérature autrichienne et leur œuvre.*
- **Musée de la Judenplatz (p. 67)**. *Visite des vestiges de la synagogue médiévale qui se trouvait sur ce site et découverte de l'histoire juive de Vienne.*

Comment s'y rendre et circuler

U Stephansplatz (U1, U3) et Schwedenplatz (U1, U4) – dans une moindre mesure Stubentor (U3), Herrengasse (U3) et Karlsplatz (U1, U2, U4) – sont les arrêts principaux.

Tram Schwedenplatz (1, 2) et Kärntner Ring/Oper (1, 2, D, 71) sont les arrêts les plus pratiques.

Plan du centre historique p. 64

Cathédrale Saint-Étienne (p. 56) BLUEJAYPHOTO/GETTY IMAGES ©

Incontournable

La cathédrale Saint-Étienne

Dominant la ville environnante, le Stephansdom, nom allemand de cette cathédrale au gothique ciselé (surnommé ironiquement Steffl, *"Petit Étienne") est le monument le plus emblématique de Vienne. L'immense nef, la chaire gothique et le maître-autel baroque, les catacombes, les deux tours et le trésor de la cathédrale sont à visiter sans tarder.*

PLAN P. 64, B4

www.stephanskirche.at

01, Stephansplatz

9h-11h30 et 13h-16h30 lun-sam, 13h-16h30 dim, visites guidées : tour@ stephanskirche

U Stephansplatz

Histoire

De l'église qui se dressait sur ce site au XIIe siècle, demeure la **Riesentor** ("portail du Géant", accès principal de style roman) et les **Heidentürme** ("tours des païens") qui l'encadrent sur la façade ouest. En 1359, le duc Rodolphe IV, un Habsbourg, ordonne sa transformation en édifice gothique. Lui-même pose la première pierre de la reconstruction, ce pourquoi il est baptisé Rodolphe le Fondateur. Endommagée lors de la Seconde Guerre mondiale, elle fut restaurée de manière admirable, notamment son magnifique toit de tuiles en chevron, qui dessinent l'emblème des Habsbourg à l'ouest.

L'intérieur

Il recèle des chefs-d'œuvre. On doit la superbe chaire gothique à Anton Pilgrim (1515). Sculptés dans le grès, apparaissent des visages émaciés (dont celui de l'artiste), des salamandres et des crapauds symbolisant la bataille du bien contre le mal.

Au bout de la nef, le maître-autel baroque est surmonté d'une *Lapidation de Saint-Étienne*. Dans le chœur, à gauche, on admirera le retable de Wiener Neustadt (1447), à droite, le tombeau de marbre où Friedrich III (1452-1593) fut inhumé avec un véritable trésor, ce que l'on n'a découvert qu'en 2019.

Les catacombes

Katakomben (visites guidées de 30 min uniquement ; adulte/enfant 5,50/2,50 € ; ⏲10h, 11h30, 13h30, 16h30 lun-sam). Suite aux épidémies de peste et de grippe qui frappèrent l'Europe dans les années 1730, Charles VI ordonna d'enterrer les morts sous la cathédrale, dans les catacombes.
Les restes d'innombrables Viennois sont ainsi conservés dans cet ossuaire, ainsi que des urnes contenant les viscères des Habsbourg,

★ À savoir

- L'accès gratuit à l'allée gauche de la nef (par rapport à l'autel) permet de se faire une idée de l'édifice.
- Les fidèles uniquement ont accès à la nef pendant la messe. En dehors des célébrations, elle n'est accessible au public que par des visites audioguidées et guidées (p. 59).
- Les catacombes et l'ascenseur de la tour nord sont fermés pendant les célébrations (jusqu'à 8 messes par jour).
- Des visites complètes de cette merveille gothique sont organisées (p. 59).

Une petite pause ?

Figlmüller (☎01-512 61 77 ; www.figlmueller.at ; 01, Wollzeile 5 ; plats 14,90-21,90 € ; ⏲11h-21h30 ; wifi ; U Stephansplatz). *Beisl* (bistrot) très apprécié des Viennois pour ses énormes *Schnitzel*.

les cœurs se trouvant, eux, dans l'église des Augustins (p. 46).

La tour sud

Südturm (adulte/enfant 6/2,50 € ; 9h-17h). Lors de la pose de la première pierre de cette tour en 1359, Rodolphe IV aurait utilisé une pelle et une truelle en argent. Deux tours étaient prévues à l'origine, mais la Südturm atteignit une telle hauteur qu'il restait peu de place pour la seconde. Achevée en 1433, elle culmine à 137 m. On peut gravir l'escalier en colimaçon (343 marches) pour admirer une vue spectaculaire sur les toits de l'Innere Stadt (sans acheter le billet pour la nef principale).

La grande cloche

Pummerin (adulte/enfant 6/2,50 € ; 9h-17h30). Moitié plus petite (68,3 m) mais dotée d'un ascenseur, la **tour nord** héberge cette cloche de 21 tonnes à l'origine fondue à partir des canons ottomans abandonnés à l'issue du siège de 1683 (elle fut refondue à partir de ses restes après 1945). C'est la plus grosse cloche du pays et la deuxième plus grande cloche à carillon d'Europe. Accès par l'ascenseur (billet autonome).

Musée de la Cathédrale et du Diocèse

Dom- & Diözesanmuseum (dommuseum.at ; 01, Stephansplatz 6 ; adulte/enfant 8/3 € ; 10h-18h mer et ven-dim, 10h-20h jeu).

Intérieur de la cathédrale Saint-Étienne

Renferme une collection d'art religieux couvrant une période de plus de 1 000 ans. De nombreux trésors sont à voir ici, notamment le plus ancien portrait d'Europe – celui du duc Rodolphe IV (1360) – et deux bouteilles syriennes en verre (1280-1310) qui seraient parmi les plus vieilles au monde.

Visites et concerts

Visite libre avec audioguide

L'audioguide (adulte/enfant 6/2,50 € ; ⌚9h-11h30 et 13h-16h30 lun-sam, 13h-16h30 dim) est l'option la plus courante pour voir l'intérieur de la cathédrale.

Visites guidées en anglais et en allemand

Les visites guidées en anglais fournissent des informations historiques sur l'édifice et en présentent les éléments principaux. D'une durée de 30 min, elles démarrent à 10h30 du lundi au samedi (adulte/enfant 6,50/2,50 €). Les mêmes visites, mais en allemand, ont lieu tous les jours à 15h.

Visites complètes

Elles se font en partie avec un audioguide, en partie sous l a direction d'un guide professionnel (adulte/enfant 16,90/4,90 €). Elles permettent de découvrir l'intérieur de la cathédrale, les catacombes, la tour sud et la tour nord. Les enfants doivent être accompagnés d'un adulte. Il faut prévoir 2 h 30 au total ; pour les horaires et tarifs, consultez le site Internet.

Promenades du soir sur le toit en anglais et en allemand

Ces visites de 75 min partaient à 19h tous les samedis de juillet à septembre (si le temps le permet) avant la pandémie. Consultez aujourd'hui le site pour les horaires et les tarifs. Elles comprennent une montée rapide au sommet de la tour sud et une promenade le long de la gouttière extérieure, avec vue rapprochée sur les toits et panoramique sur la ville.

Événements exceptionnels et messes

Le site Internet www.dommusik-wien.at dresse la liste des concerts et événements exceptionnels qui ont lieu dans la cathédrale. La messe de 10h15 le dimanche (9h30 durant les vacances d'été en juillet et août), célébrée avec un chœur au grand complet, mérite le détour. Billets disponibles en ligne sur www.kunstkultur.com.

Incontournable

Le canal du Danube

Le Beau Danube bleu, la plus célèbre des valses, et la ville sont indissociables du Danube. Cliché ? Oui ! Mais le canal fait partie intégrante du paysage viennois, au même titre que la tour Eiffel à Paris. Long de 17,3 km et fruit de longs travaux de régulation du fleuve, il sépare l'Innere Stadt de Leopoldstadt et se prête autant aux croisières élégantes qu'aux promenades le long des berges, à pied ou à vélo, ce que font les Viennois aux premiers rayons du soleil.

PLAN P. 64, C1-F2

Schwedenplatz

U U1, U4, Schwedenplatz

Promenade le long des berges

Aménagées tout du long en pistes cyclables, les rives immédiates du canal du Danube sont protégées des voitures. Y alternent des espaces arborés, des aires de jeux et même des plages de sable (l'été). Le parcours à vélo n'offre aucune difficulté et il est facile de louer des bicyclettes (ci-contre). Fin mai, les **Donaukanaltreiben** (animations : donaukanaltreiben.at) permettent d'assister notamment à des concerts et des spectacles de danse sur les deux rives du canal.

Croisières autour du canal

De début avril à fin octobre, la compagnie **DDSG Blue Danube** (www.ddsg-blue-danube.at ; voir p. 23) propose plusieurs formules de croisières (à partir de 25 € ; de 1 heure 40 à 3 heures 30) sur le canal du Danube, puis sur le Danube proprement dit, effectuant soit un tour complet de l'île composée de Leopoldstadt (2e arr.) et Brigittenau (20e arr.), soit jusqu'au Reichsbrücke, face à l'île du Danube.

Croisières au départ du canal

La DDSG organise également des croisières jusqu'à Budapest (entre 5 heures 30 et 6 heures 30), jusqu'à Bratislava (p. 146), et dans la vallée de Wachau (aller simple ou aller-retour), la partie autrichienne du Danube la plus pittoresque. Les destinations desservies sont aussi Krems et Dürnstein : la première est renommée pour la beauté de son vignoble en terrasses, la seconde pour avoir retenu prisonnier Richard Cœur de Lion, au XIIe siècle.

★ À savoir

- L'été, au niveau de Schwedenplatz et de Marienbrücke, les berges accueillent plusieurs bars de plein air, particulièrement animés la nuit.
- Les croisières au départ du canal du Danube partent de l'embarcadère "Wien City", situé à Schwedenplatz, à hauteur du Marienbrücke.
- Vienne gère un réseau de vélos en libre-service, **Citybike Wien** (www.citybikewien.at ; pour 1/2/3/4h, 0/1/2/4 €, heure supplémentaire 4 €), avec des stations partout en ville.

✕ Une petite pause ?

Ignacio (☎ 922 08 51 ; www.ignacio.at ; Salztorgasse 7 ; lun-sam 17h-22h). Ce bar à vin et tapas distille ses saveurs ibériques sur les rives du Danube.

Une soirée dans l'Innere Stadt

Si l'Innere Stadt ("ville intérieure") est intéressante en journée, se promener la nuit dans ses rues sépia et devant ses monuments illuminés permet d'en découvrir l'intimité. Suivez ce circuit pour déguster des vins locaux et des spécialités viennoises, voir un vieux film sorti des archives cinématographiques autrichiennes et manger une glace.

Circuit

Départ Fleischmarkt (tram 1, 2, 31 Schwedenplatz, U Schwedenplatz)

Arrivée Zanoni & Zanoni (U Stephansplatz)

Distance et durée 1,6 km ; 2 à 4 h

❶ Jugendstil (1)

Fleischmarkt Ancienne rue dévolue à la boucherie, Fleischmarkt est bordée d'immeubles art nouveau (le n° 1 appartenait à la faille Karajan, la façade en verre du n° 3 est remarquable...)..

❷ Jugendstil (2)

Postparkasse (www.ottowagner.com ; 01, Georg-Coch-Platz 2 ; entrée libre ; 10h-17h lun-ven). Joliment éclairé la nuit, le bâtiment de la **Caisse d'épargne de la Poste** est l'œuvre d'Otto Wagner, qui en supervisa la construction de 1904 à 1906, puis de 1910 à 1912.

❸ Dîner

Plachutta (01-512 15 77 ; www.plachutta-wollzeile.at ; 01, Wollzeile 38 ; plats 22,80-26,90 € ; 11h30-23h30). Le *Tafelspitz* (bœuf bouilli) est une spécialité viennoise. Sur ses tables aux nappes blanches, ce restaurant en sert 10 variantes à base de viande autrichienne, comme le *Mageres Meisel* (paleron tendre et juteux), le *Beinfleisch* (côte de bœuf lardée) et le *Lueger Topf* (paleron et langue de bœuf, tête de veau).

❹ Dessert

Café Prückel (prueckel.at ; 01, Stubenring 24 ; 8h30-22h ;). Pour son décor années 1950, ses box intimes, son café corsé et des spécialités comme un délicieux *Apfelstrudel* (strudel aux pommes) servi avec de la crème. Un pianiste joue de 19h à 22h les lundis, mercredis et vendredis.

❺ Digestif

Kleines Café (01, Franziskanerplatz 3 ; 10h-2h ; 2 Weihburggasse). Avec son ambiance bohème, ce café évoque l'époque du *Jugendstil* viennois. Il y a peu de places à l'intérieur mais, en été, une terrasse superbe est aménagée sur une place pavée face à l'église franciscaine de style baroque.

❻ Cinéma

Metro Kinokulturhaus (01-512 18 03 ; www.filmarchiv.at ; 01, Johannesgasse 4; film 8,50 €, exposition 7,50 €, billet combiné 13 € ; 14h-20h). Ce cinéma accueille des expositions issues des vastes collections de la Filmarchiv Austria. Aménagé pour les projections en 1924, la salle a conservé ses lambris et son intérieur en velours rouge. Un lieu pittoresque pour découvrir de vieux films et des films d'art et essai autrichiens (en allemand).

❼ Glace

Zanoni & Zanoni (www.zanoni.co.at ; 01, Lugeck 7 ; 7h30-minuit). Ouvert jusque tard le soir, ce glacier italien, qui est également une pâtisserie, propose jusqu'à 30 parfums de glaces au gré des saisons.

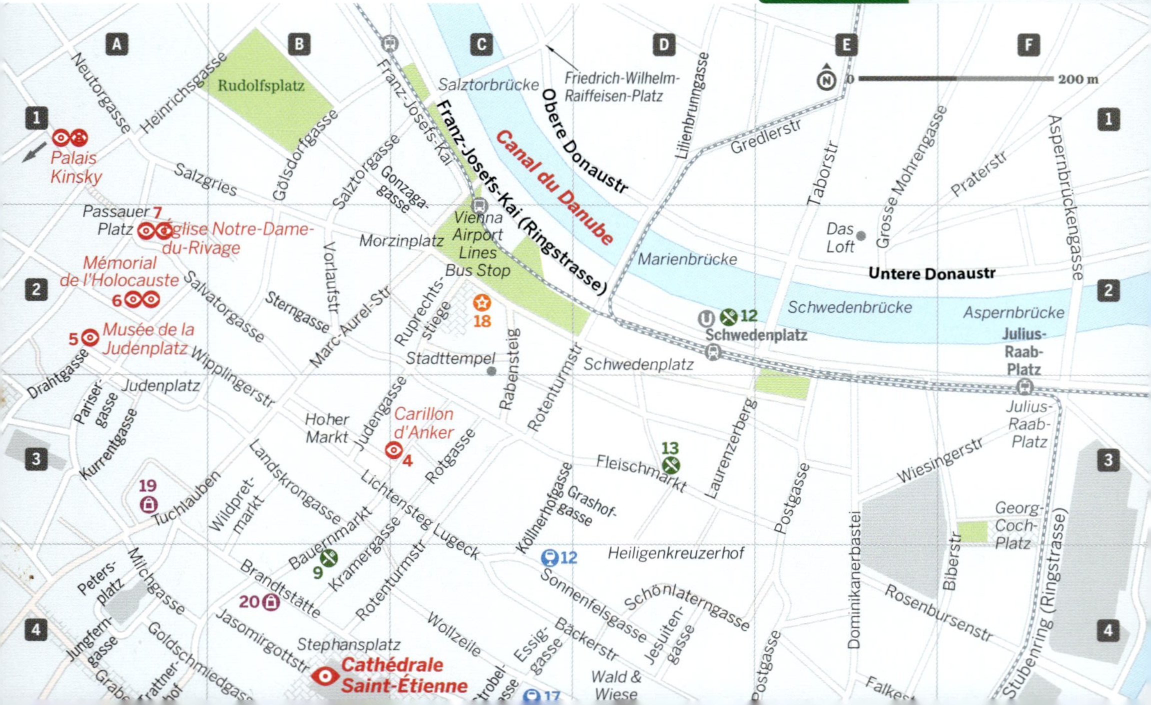
A
B
C
D
E
F
1
2
3
4
0
200 m
Palais Kinsky
Neutorgasse
Heinrichsgasse
Rudolfsplatz
Salzgries
Gölsdorfgasse
Salztorgasse
Gonzaga-gasse
Franz-Josefs-Kai
Franz-Josefs-Kai (Ringstrasse)
Salztorbrücke
Canal du Danube
Obere Donaustr
Friedrich-Wilhelm-Raiffeisen-Platz
Lilienbrunngasse
Gredlerstr
Taborstr
Grosse Mohrengasse
Praterstr
Aspernbrückengasse
Passauer Platz
7 Église Notre-Dame-du-Rivage
Mémorial de l'Holocauste 6
5 Musée de la Judenplatz
Morzinplatz
Vorlaufstr
Vienna Airport Lines Bus Stop
Marienbrücke
Das Loft
Untere Donaustr
Salvatorgasse
Sterngasse
Marc-Aurel-Str
Ruprechts-stiege
18
12
Schwedenplatz
Schwedenbrücke
Aspernbrücke
Julius-Raab-Platz
Drahtgasse
Judenplatz
Wipplingerstr
Stadttempel
Rabensteig
Rotenturmstr
Schwedenplatz
Pariser-gasse
Kurrentgasse
Hoher Markt
Judengasse
Carillon d'Anker
4
Rotgasse
Fleischmarkt
13
Laurenzerberg
Postgasse
Julius-Raab-Platz
Wiesingerstr
19
Tuchlauben
Wildpret-markt
Landskrongasse
Lichtensteg
Lugeck
Köllnerhofgasse
Grashof-gasse
Georg-Coch-Platz
Dominikanerbastei
Biberstr
12
Heiligenkreuzerhof
Bauernmarkt
9
Kramergasse
Rotenturmstr
Sonnenfelsgasse
Schönlaterngasse
Peters-platz
Milchgasse
Brandstätte
20
Jungfern-gasse
Goldschmiedgasse
Jasomirgottstr
Stephansplatz
Cathédrale Saint-Étienne
Wollzeile
Essig-gasse
Bäckerstr
Jesuiten-gasse
Wald & Wiese
17
Postgasse
Rosenbursenstr
Stubenring (Ringstrasse)

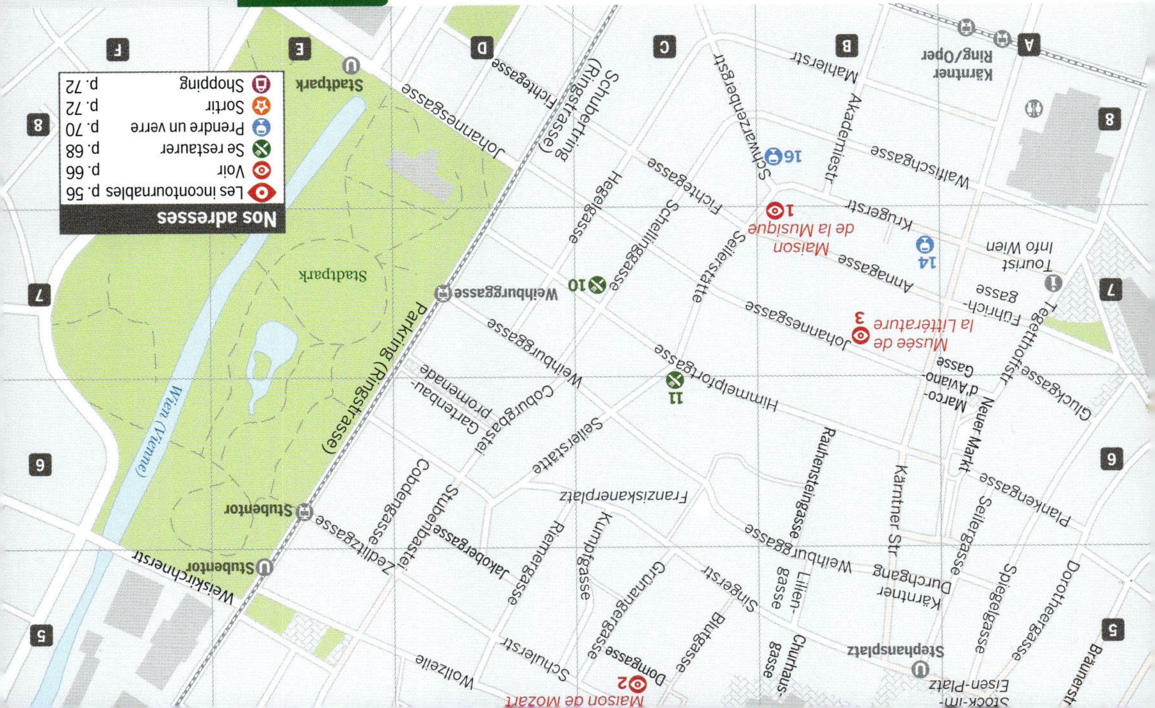
Nos adresses
Les incontournables p. 56
Voir p. 66
Se restaurer p. 68
Prendre un verre p. 70
Sortir p. 72
Shopping p. 72
A
B
C
D
E
F
5
6
7
8
Kärntner Ring/Oper
Mahlerstr
Schwarzenbergstr
Schubertring (Ringstrasse)
Fichtegasse
Johannesgasse
Stadtpark
Walfischgasse
Akademiestr
16
Heggelgasse
Schellinggasse
1
Maison de la Musique
Krugerstr
14
Tourist Info Wien
Annagasse
Seilerstätte
Weihburggasse
10
Parkring (Ringstrasse)
Wien (Vienne)
Führich-gasse
Tegetthoffstr
Johannesgasse
3
Musée de la Littérature
Marco-d'Aviano-Gasse
Gluckgasse
Himmelpfortgasse
11
Weihburggasse
Coburgbastei
Gartenbau-promenade
Seilerstätte
Neuer Markt
Rauhensteingasse
Kärntner Str
Franziskanerplatz
Cobdengasse
Stubenbastei
Stubentor
Zedlitzgasse
Jakobergasse
Riemergasse
Kumpfgasse
Weihburggasse
Plankengasse
Seilergasse
Spiegelgasse
Dorotheergasse
Weiskirchnerstr
Stubentor
Grünangergasse
Singerstr
Lilien-gasse
Kärntner Durchgang
Schulerstr
Blutgasse
Domgasse
2
Churhaus-gasse
Stephansplatz
Stock-im-Eisen-Platz
Bräunerstr
Wollzeile
Maison de Mozart

Voir

Maison de la Musique MUSÉE

1 PLAN P. 64, B7

Sur quatre étages, la Haus der Musik initie (en anglais et allemand) au monde de la musique et à son histoire de manière amusante et interactive. Adultes et enfants y apprendront comment naît un son, des bruits de la rue aux concerts de l'Orchestre philharmonique. Ici, même l'escalier est un piano. Au rez-de-chaussée, des concerts sont donnés dans la cour vitrée. Après 20 h, le billet adulte ne coûte que 6,50 €. (www.hausdermusik.com ; 01, Seilerstätte 30 ; adulte/enfant 16/7 €, avec la maison de Mozart 20/8 € ; 10h-22h ; ; 2, 71 Schwarzenbergplatz, U Karlsplatz)

Maison de Mozart PATRIMOINE

2 PLAN P. 64, C5

Le compositeur a passé ici près de trois années, heureuses et productives, entre 1784 et 1787. Mozart a vécu au total 11 ans à Vienne, changeant fréquemment d'adresse et s'installant parfois dans les faubourgs, de l'autre côté du Ring, lorsque ses finances étaient à sec. De tous ces lieux, seule la Mozarthaus Vienna a survécu. La muséographie est séduisante : copies de partitions, tableaux, reconstitutions d'époque ou de mises en scène... Des audioguides gratuits sont disponibles. (01-512 17 91 ; www.mozarthausvienna.at ; 01, Domgasse 5 ; adulte/enfant 12/4,50 €, avec Maison de la musique 20/8 € ; 10h-19h ; U Stephansplatz)

Musée de la Littérature MUSÉE

3 PLAN P. 64, B7

Un édifice Biedermeier de 1844 abrite le **Literaturmuseum**. Il conserve des livres, manuscrits, lettres, photos, illustrations et effets personnels (comme des bureaux) des plus éminents écrivains, dramaturges et poètes du pays, du XVIIIe siècle à nos jours. Parmi les auteurs présentés figurent Ingeborg Bachmann, Peter Handke, Robert Menasse, Herta Müller et Hilde Spiel. Vous pourrez aussi écouter des extraits et des citations issus des 550 h d'enregistrements audio du musée. Brochures d'information en anglais. (www.onb.ac.at/museen/literaturmuseum ; 01, Grillparzerhaus, Johannesgasse 6 ; adulte/enfant 8/6 € ; 10h-18h mar, mer et ven-dim, 10h-21h jeu, 10h-18h lun juin-sept ; U Stephansplatz)

Carillon d'Anker MONUMENT

4 PLAN P. 64, C3

Chef-d'œuvre *Jugendstil* créé par Franz von Matsch en 1911, l'**Ankeruhr** est une horloge à carillon baptisée du nom de la compagnie d'assurances Der Anker, qui en fit la commande. Sur une demi-journée, des personnages historiques animés, dont l'empereur romain Marc-Aurèle (qui mourut à Vienne en l'an 180), Joseph Haydn, le prince Eugène de Savoie et Marie-Thérèse d'Autriche, défilent lentement devant le cadran de l'horloge, marquant ainsi la progression du temps, tandis que les minutes s'affichent sur un cadran linéaire. À midi, tous les personnages défilent au son d'une musique d'orgue. (01, Hoher Markt 10-11 ; U Stephansplatz, Schwedenplatz)

Musée de la Judenplatz

MÉMOIRE ET VESTIGES

5 PLAN P. 64, A2

La Judenplatz était le centre de la communauté juive viennoise du XIIIe au XVe siècle. Installé dans le palais Eskeles, le Museum Judenplatz dévoile les fondations de la synagogue médiévale, dont la destruction fut ordonnée en 1421 à cause de la "haine et l'incompréhension" du duc Albrecht V. Un film, des reconstitutions virtuelles et des expositions temporaires permettent d'appréhender l'histoire juive de Vienne. Billets combinés pour le Museum Judenplatz et le Jüdisches Museum (p. 47) valables quatre jours. (01-535 04 31 ; www.jmw.at ; 01, Judenplatz 8 ; adulte/enfant avec musée juif de Vienne 12 €/gratuit ;

Les juifs viennois

Vienne a longtemps entretenu une relation ambivalente avec sa population juive, dont la présence remonte à 1194.

En 1420, les juifs furent expulsés sur l'ordre du duc Albrecht V. Ils revinrent ensuite et purent vivre en paix jusqu'à l'avènement de Léopold Ier et de son épouse Marguerite-Thérèse. En 1670, les juifs furent chassés de la ville, mais rappelés plus tard.

Au cours des siècles qui suivirent, la communauté juive s'épanouit dans des conditions relativement sereines, jusqu'à l'occupation de l'Autriche par les nazis le 12 mars 1938. La nuit de Cristal, le 9 novembre 1938, provoqua l'arrestation de 6 500 juifs et la destruction de toutes les synagogues et lieux de prière, à l'exception du **Stadttempel** (plan p. 64, D3 ; 01-531 04-0 ; ikg-wien.at ; 01, Seitenstettengasse 4 ; visite adulte/enfant 12 €/gratuit ; visites guidées 10h lun, jeu-ven ; 1, 2 Schwedenplatz, U Schwedenplatz). Sur les 180 000 juifs présents à Vienne avant l'Anschluss (annexion), plus de 100 000 parvinrent à émigrer avant la fermeture des frontières en mai 1939 ; 65 000 périrent dans les ghettos ou les camps de concentration. En 1945, il ne restait que 6 000 juifs à Vienne. La plupart des survivants quittèrent ensuite la ville. Aujourd'hui, elle compte environ 7 000 juifs.

10h-18h dim-jeu, 10h-14h ven ; ; U Stephansplatz, Herrengasse)

Mémorial de l'Holocauste
MONUMENT COMMÉMORATIF

6 PLAN P. 64, A2

Ce mémorial dédié aux 65 000 juifs autrichiens victimes de l'Holocauste est le point central de la Judenplatz. L'œuvre monumentale de l'artiste contemporaine britannique Rachel Whiteread représente une bibliothèque dont le dos des livres est tourné vers l'intérieur, rendant impossible d'en lire les titres. Il symbolise les histoires non dites des disparus. Le nom des camps de concentration autrichiens est inscrit sur son socle. Juste en face se trouve l'entrée du musée de la Judenplatz (p. 67). (Holocaust Denkmal ; 01, Judenplatz ; M U3 Herrengasse, 2A, 3A)

Église Notre-Dame-du-Rivage
ARCHITECTURE GOTHIQUE

7 PLAN P. 64, A1

Construite à l'origine en bois, **Maria am Gestade**, perchée sur une petite colline, est une étonnante église gothique en pierre. En raison du terrain incliné, la nef est plus étroite que le chœur (et légèrement courbée), ce qui procure un effet très étonnant. On ne peut admirer son haut plafond voûté et ses beaux vitraux à l'arrière de l'autel gothique que pendant l'office. Messe en français le dimanche à 11h de septembre à juin. (533 9594 0 ; www.ccfv.at/maria-am-gestade ; 01, Passauer Platz ; M U1, U4 Schwedenplatz)

Palais Kinsky
ARCHITECTURE BAROQUE

8 PLAN P. 64, A2

L'Innere Stadt regorge de palais magnifiques, mais peu sont ouverts au public ; la façade baroque de celui-ci abrite un hôtel des ventes, dont le libre accès permet d'admirer l'escalier de trois étages (à gauche de la première cour intérieure), avec sa rampe décorée de statues à chaque courbe. Le plafond est orné d'une fresque fantaisiste mêlant chérubins joufflus, beautés aux seins nus et apollons musclés. (01, Freyung 4 ; 10h-18h mar-dim ; M U3 Herrengasse)

Se restaurer

Wrenkh
BISTROT **€€**

9 PLAN P. 64, B4

Ce restaurant de légumes (lentilles sauce au vin blanc avec boulettes de pain, patates douces rôties farcies au fromage de chèvre, soufflé de citrouille au pesto de pistache…) propose aussi des plats à base de poisson (truite sauvage grillée et salade de pommes de terre à l'ail fumé) ou de viande (faux-filet maturé à la crème de miso et d'aubergine). En semaine, menus du midi (2/3 plats) à 12,50/13,50 €. (01-533 15 26 ; www.wrenkh-wien.at ; 01, Bauernmarkt 10 ;

Carillon d'Anker (p. 66)

plats 11,50-25 € ; 11h-22h lun-sam ; ; U Stephansplatz)

Huth Gastwirtschaft AUTRICHIEN €€

10 PLAN P. 64, B4

Parmi les néo-*Beisln* (néo-bistrots) de cette partie peu touristique de l'Innere Stadt, le Huth sert d'excellents plats traditionnels, comme la *Schnitzel* accompagnée de sauce aux airelles et de pommes de terre persillées, le *Rindfleisch* (viande de boeuf) et le *Topfenstrudel*, à déguster dans la salle au plafond haut ou la cave voûtée. Terrasse en été. (01-513 56 44 ; www.zum-huth.at ; 01, Schellinggasse 5 ; plats 13,90-21,90 € ; 12h-23h mar-dim ; 2 Weihburggasse)

Tian GASTRONOMIE €€€

11 PLAN P. 64, C7

Avec ses lustres et son style lounge, le restaurant de Christian Holper porte la cuisine végétarienne au rang des étoilés du Michelin. Le menu unique comporte des plats comme la soupe de tomates et framboises blanches, le risotto aux cèpes et pousses d'épicéa ou le quinoa aux amandes vertes et brocolis (produits régionaux, cultivés notamment dans le propre jardin de Tian). Réserver bien à l'avance. (01-890 46 65 ; www.tian-restaurant.com ; 01, Himmelpfortgasse 23 ; menus 6/8 plats 132/141 € ; 12h-14h et 17h45-21h mar-sam ; ; 2 Weihburggasse, U Stephansplatz)

Motto am Fluss

INTERNATIONAL €€

12 PLAN P. 64, D2

Dans le terminal des ferries de Wien-City, avec une vue imprenable sur le canal du Danube, le restaurant propose une cuisine à base de viande et poisson bio (truite du Danube...), et des plats végétariens ou végans. À l'étage, un café sert toute la journée des petits-déjeuners, gâteaux et pâtisseries ; le bar est un lieu idéal pour se donner rendez-vous autour d'un verre de vin, une bière ou un cocktail maison. (01-252 55 10 ; www.mottoamfluss.at ; 01, Franz-Josefs-Kai 2 ; plats restaurant 14-30 €, plats café 11,50-12,50 € ; restaurant 11h30-14h et 18h-23h30 lun-ven, 18h-23h30 sam-dim, café 8h-minuit tlj, bar 18h-4h tlj ; ; 1, 2 Schwedenplatz, U Schwedenplatz)

Miel viennois

Vienne compte 600 apiculteurs et 5 000 ruches, installées notamment sur les toits de l'hôtel de ville, de l'Opéra, du musée des Beaux-Arts de Vienne, du pavillon de la Sécession et de plusieurs hôtels. Le miel ainsi produit est vendu à **Wald & Wiese** (plan p. 64, D4 ; www.waldundwiese.at ; 01, Wollzeile 19 ; 10h-18h30 lun-ven, 10h-17h sam ; U Stephansplatz), qui propose aussi des boissons au miel (hydromel, liqueur miel-whisky, eau-de-vie), des bougies en cire d'abeille, des crèmes pour les mains, du dentifrice, de la gelée royale, etc.

Griechenbeisl

AUTRICHIEN €€

13 PLAN P. 64, D3

Fondé en 1447 et fréquenté par Beethoven, Brahms, Schubert et Strauss entre autres célébrités, le restaurant le plus ancien de Vienne possède des salles voûtées, des boiseries et un jardin à l'avant, très plaisant en été. La carte offre tous les classiques de la cuisine viennoise, ainsi que trois plats végétariens renouvelés quotidiennement. En été, installez-vous dans la cour arborée. (01-533 19 77 ; www.griechenbeisl.at ; 01, Fleischmarkt 11 ; plats 16,90-24,90 € ; 17h-22h mar-sam ; ; 1, 2 Schwedenplatz, U Schwedenplatz)

Prendre un verre

Kruger's American Bar

BAR

14 PLAN P. 64, B7

Avec son décor d'origine des années 1920 et 1930 (lambris, lumière tamisée, canapés Chesterfield en cuir) et sa bande-son soignée (Frank Sinatra, Dean Martin, jazz contemporain...), ce bar à cocktails est une légende à

Vienne. Highballs, fizzes, daiquiris et collins sont servis classiques ou dans des versions créatives, comme le Pisco Collins et le daiquiri aux litchis. (www.krugers.at ; 01, Krugerstrasse 5 ; 18h-2h lun-sam, 19h-2h dim ; D, 1, 2, 71 Kärntner Ring/Oper, U Stephansplatz)

Zwölf Apostelkeller

PUB

15 PLAN P. 64, C4

Cette vaste cave sur trois niveaux à l'éclairage tamisé date des périodes romane et gothique. L'ambiance y est animée, notamment par des joueurs de musique traditionnelle de *Heuriger* (taverne) à partir de 19h. Outre d'épatants vins régionaux, la cave propose un bon choix de schnaps et de bières, et un menu de plats traditionnels autrichiens (*Schnitzel*, cochon de lait, *Tafelspitz*...). (01-512 67 77 ; www.zwoelf-apostelkeller.at ; 01, Sonnenfelsgasse 3 ; 11h-minuit ; U Stephansplatz)

1516 Brewing Company

MICROBRASSERIE

16 PLAN P. 64, B8

Dans un décor industriel (cuves en cuivre et murs de brique) ; on brasse ici des bières à base de malt de froment, de seigle et de riz. La terrasse est bondée en été. Quand les écrans diffusent des tournois de foot internationaux, mieux vaut arriver tôt. (www.1516brewingcompany.com ; 01, Schwarzenbergstrasse 2 ; 10h-1h ; 2 Schwarzenbergstrasse, U Karlsplatz)

1516 Brewing Company

Le Graben

Cette artère piétonne bordée de cafés et de boutiques de luxe doit son nom au "fossé" creusé par les Romains pour protéger leur place forte, Vindobona. En 1192, Léopold V de Babenberg le fit combler pour bâtir des fortifications qui finissaient place de la Freyung. Le projet fut financé par la rançon acquittée par son rival Richard Cœur de Lion, alors emprisonné dans un château près de Dürnstein, sur le Danube. Les deux curiosités principales du Graben sont les toilettes publiques d'Adolf Loos, de style Art nouveau, en sous-sol, et la **Pestsäule** (colonne de la peste ; 01, Graben ; U Stephansplatz), édifiée en 1692 pour commémorer la fin de la peste. Ce monument baroque richement orné fut conçu par Johann Bernhard Fischer von Erlach.

Diglas

CAFÉ

17 PLAN P. 64, C4

Ce lieu classique aux élégants box en velours rouge et à la clientèle chic présente un très large choix de cafés. Diglas doit aussi sa réputation à ses pâtisseries, dont un *Apfelstrudel* divin et des beignets à l'abricot ou à la prune, en saison. Piano live à partir de 19h. (01-512 57 65 ; diglas.at ; 01, Wollzeile 10 ; 8h-22h30 lun-ven, 9h-22h30 sam, 9h-20h dim ; U Stephansplatz)

Sortir

Jazzland

CLUB DE JAZZ

18 PLAN P. 64, C2

Logé dans une cave vieille de 500 ans, aux pieds de la **Ruprechtskirche** (église Saint-Rupert ; 01-535 60 03 ; www.ruprechtskirche.at ; 01, Ruprechtsplatz 1 ; horaires variables, consultez le site), Jazzland est le plus ancien club de jazz de Vienne : il date de 1972. La programmation couvre tous les styles de jazz, avec des musiciens autrichiens et étrangers. Pas de réservation possible, arrivez tôt. (01-533 25 75 ; www.jazzland.at ; 01, Franz-Josefs-Kai 29 ; entrée 11-20 € ; 19h-1h lun-sam mi-août à mi-juil, concerts à partir de 21h ; 1, 2, 31 Schwedenplatz, U Schwedenplatz)

Shopping

PM - Philipp Maly

MODE

19 PLAN P. 64, A3

Dans cette boutique haut de gamme, c'est toute la mode internationale avec de nombreuses exclusivités, qui est sélectionnée sur des critères de design, de coupe et de créativité.

Le Graben

Vêtements, accessoires… Le chic viennois. (www.philippmaly.at ; 01, Tuchlauben 8 ; 10h-18h lun-ven, 10h30-18h sam ; U Stephansplatz)

Vom Fass

GASTRONOMIE

20 PLAN P. 64, B4

Cette épicerie fine de spécialités autrichiennes (huile de graines de citrouille de Styrie, vinaigre balsamique à la myrtille, liqueurs d'herbes alpines du Tyrol, liqueur de noix épicée de Haute-Autriche, sel fumé de Salzkammergut, vins provenant de tout le pays) propose sur son site Internet des recettes intégrant ces produits. (www.vomfass-wien.at ; 01, Brandstätte 5 ; 10h-18h lun-sam ; U Stephansplatz)

Balade de Brunnenmarkt à Yppenplatz

Cette balade matinale au cœur du 16e arrondissement de Vienne, Ottakring, vous fera découvrir le marché le plus animé et le plus étendu de la ville, le Brunnenmarkt. Ce quartier cosmopolite est aujourd'hui le plus tendance de la capitale. Boutiques indépendantes, épiceries et cafés : découvrez la Vienne qui bouge.

S'y rendre

2 Neulerchenfelder Strasse

U Josefstädter Strasse

Distance et durée 700 m ; 2 heures

❶ Le marché

Flânez dans le **Brunnenmarkt** (16, Brunnengasse ; 🕒6h-18h30 lun-ven, 6h-17h sam). Des montagnes de produits se succèdent dans un joyeux désordre : tissus, vêtements, fruits et légumes, épices et café, fromages et viandes. La plupart des vendeurs sont originaires de Turquie ou des Balkans. La Brunnengasse elle-même est bordée d'épiceries, de cafés et de boulangeries dans lesquelles vous trouverez d'authentiques *pide* (pizza turque), du halva et des baklavas.

❷ Un brunch

Une année ne suffirait pas pour faire le tour des adresses où déjeuner autour de la Yppenplatz. Bien connu dans le quartier, **Kent** (☎01-405 91 73 ; www.kentrestaurant.at ; 16, Brunnengasse 67 ; petit-déj 11,90 €, plats 8,90-13,90 € ; 🕒7h-minuit ; 🖉) est un restaurant turc pourvu d'un joli jardin ombragé d'arbres, idéal pour les pauses gourmandes en été.

❸ Produits frais

Les traiteurs et commerçants de la Yppenplatz sont ouverts quasiment tous les jours, mais lors du **Bauernmarkt** (16, Yppenplatz ; 🕒8h-13h ven-sam), la place est bondée : les agriculteurs viennent y vendre leurs fruits, légumes, viandes, miels, confitures, vins et produits laitiers. En été, clients et maraîchers investissent les terrasses, les artistes de rue s'installent sur la place plantée d'arbres.

❹ Épiceries fines et traiteurs

La Salvia (☎01-236 72 27 ; www.lasalvia.at ; 16, Yppenplatz ; entrées 8-13 €, pâtes 10-13 € ; 🕒16h-22h mar-jeu, 10h-22h ven, 9h-15h sam) attire les gourmands avec ses *antipasti* et ses succulents vins italiens, prosecco, huiles et *dolci* (douceurs), ainsi que ses spécialités comme le salami de sanglier. Faites des emplettes et commandez un sublime cappuccino ou un spritz au café-bistrot, ou prenez place pour déjeuner.

❺ Quartier du design

Créateurs et artisans ont pris leurs quartiers sur la Yppenplatz, avec des boutiques tendance et des commerces éphémères qui ajoutent à l'éclectisme du marché. Présent dans le quartier depuis quelque temps déjà, **Staud's** (www.stauds.com ; angle Brunnengasse-Schellhammergasse ; 🕒8h-12h30 et 15h-18h mar-ven, 8h-13h sam) est l'adresse incontournable des confitures sucrées et salées (idées cadeaux).

Explorer

Le quartier des musées et Neubau

Dans ce quartier si riche en monuments, on visitera le musée des Beaux-Arts de Vienne, le MuseumsQuartier, un complexe muséal doté de cafés, restaurants et salles de spectacle, ou le Burgtheater. Neubeau, à l'ouest, est l'incubateur de Vienne pour la mode, l'art et le design.

Notre sélection

- ***Musée des Beaux-Arts de Vienne (p. 78)*** *Les innombrables trésors des Habsbourg, des tombes égyptiennes aux grands maîtres de la peinture.*
- ***MuseumsQuartier (p. 84)*** *Un vaste ensemble de musées, cafés, restaurants et bars.*
- ***Muséum d'Histoire naturelle (p. 88)*** *Une rencontre avec les dinosaures et autres stars de la préhistoire.*
- ***Hôtel de ville (p. 94)*** *Une visite guidée gratuite de la luxueuse Rathaus néogothique.*
- ***Burgtheater (p. 94)*** *Une exploration des coulisses de ce grand théâtre viennois.*

Comment y aller et circuler

U Museumsquartier (U2), Volkstheater (U2 et U3). Les stations Neubaugasse et Zieglergasse (U3), Burggasse Stadthalle et Thaliastrasse (U6) sont les plus pratiques pour gagner Neubau.

Les trams D, 1 et 71 circulent sur le Ring. La ligne 49, qui part de Ring/Volkstheater, traverse Neubau.

Plan du quartier des musées et de Neubau p. 92

Musée des Beaux-Arts de Vienne (p. 78) CANADASTOCK/SHUTTERSTOCK ©

Incontournable

Le musée des Beaux-Arts de Vienne

Les Habsbourg ont bâti nombre de palais grandioses, mais le Kunsthistorisches Museum est leur plus belle réussite artistique. Dans un bâtiment néoclassique aussi somptueux que les œuvres qu'il contient, le KHM emmène dans un fabuleux voyage à travers l'histoire de l'art, de l'Égypte à la Rome classique et à la Renaissance. Si votre temps est limité, privilégiez la Pinacothèque et ses grands maîtres.

PLAN P. 92, H4

www.khm.at

01, Maria-Theresien-Platz

adulte/enfant 18 €/gratuit

U Museumsquartier, Volkstheater

Entrée principale

En gravissant l'escalier principal et son riche décor, des lions rugissants et la statue de *Thésée luttant contre le Centaure* (1805) d'Antonio Canova, le regard s'élève vers la coupole. Les colonnes en marbre guident l'œil vers des voûtes ornées de fresques délicates. Hans Makart et Klimt en signèrent une partie – décor des lunettes pour le premier, figures d'inspiration gréco-romaine et égyptienne dans le coin des arches pour le second.

Pinacothèque

La pinacothèque (**Gemäldegalerie**) est de loin la collection la plus impressionnante du musée. Prévoyez une ou deux heures pour l'explorer.

Peintures hollandaises, flamandes et allemandes

La **Renaissance allemande** est illustrée notamment par les tableaux d'inspiration biblique de Lucas Cranach l'Ancien, comme *Le Paradis* (1530) et *Adam et Ève* (1537). Point d'orgue de cette partie, les chefs-d'œuvre de Dürer révèlent son art de la composition, son emploi raffiné de la lumière et son attention au sujet ; le *Portrait d'une jeune Vénitienne* (1505), un retable, l'*Adoration de la Sainte Trinité* (1511), et le macabre *Martyre des dix mille chrétiens* (1508)…

On plonge ensuite dans la **peinture baroque flamande** avec Rubens et ses toiles exaltant l'esprit de la Contre-Réforme ou inspirées de la mythologie. *Les Miracles de saint François-Xavier* (1617), monumental, *L'Annonciation* (1610), *Les Miracles de saint Ignace de Loyola* (vers 1619) et le *Triptyque de saint Ildefonse* (1630) révèlent la palette iridescente et la clarté des lignes caractéristiques du peintre. Parmi les œuvres mythologiques, on retient *La Tête de Méduse* (1617) et ses serpents

★ À savoir

- Prenez un audioguide et un plan dans le hall d'entrée.
- Réserver les billets en ligne fait échapper à la file d'attente.
- Horaires d'ouverture : 10h-18h du mar, mer, vend-dim, 10h-21h jeu (moins de monde le jeudi entre 18h et 21h). Fermé le lundi de septembre à mai.
- Photographies avec flash interdites.

Une petite pause ?

Amerlingbeisl (☎01-526 16 60 ; www.amerlingbeisl.at ; 07, Stiftgasse 8 ; plats 9,80-15,90 € ; ⏲cuisine 12h-22h, bar 11h30-1h lun-ven, 10h-1h sam-dim ; 🚋49 Siebensterngasse). Ce bistrot discret possède un patio vitré. Cuisine traditionnelle de saison.

Saigon (☎01-585 63 95 ; www.saigon.at ; 06, Getreidemarkt 7 ; plats 13,50-23,90 € ; ⏲11h30-23h tlj ; U Karlsplatz). Pour un bol de *phô* fumant.

grouillants ou l'hymne à l'amour qu'est *La Fête de Vénus* (1636).

La peinture de l'**âge d'or hollandais** des XVIe et XVIIe siècles s'efforce de représenter la réalité par une attention aux détails et l'emploi du *chiaroscuro*. Trois toiles en particulier sont emblématiques de cette période : un *Autoportrait* (1652) de Rembrandt, qui montre l'artiste dans une modeste blouse de peintre, *La Grande Forêt* (1655) où Ruisdael expose sa vision de la nature, et *L'Art de la peinture* (1665), une œuvre allégorique de Vermeer représentant Clio, la muse grecque de l'Histoire, dans la lumière tamisée d'un atelier.

Les trois dernières salles rendent hommage à deux artistes flamands, le maître baroque **Van Dyck** et le peintre de la Renaissance **Pieter Bruegel l'Ancien**. Parmi les œuvres pieuses du premier figurent *La Vision du bienheureux Joseph Hermann* (1630) et *La Vierge et l'Enfant en majesté avec sainte Rosalie, saint Pierre et saint Paul* (1629). Une salle entière (X) est consacrée aux toiles du second, qui décrivent des scènes de vie et des paysages flamands, sans oublier son tableau le plus célèbre, *La Tour de Babel* (1563).

Peintures italiennes, espagnoles et françaises

Les trois premières salles sont dédiées aux **maîtres vénitiens du XVIe siècle** : Titien, Véronèse et le Tintoret. Ne manquez pas *La Nymphe et le Berger* (1570) de Titien, qui mêle décor pastoral et mythologie pour dépeindre le désir frivole d'un berger joueur de flûte pour une belle jeune fille inaccessible, la théâtrale *Mort de Lucrèce* (1583) de Véronèse, et *Suzanne et les vieillards* (1556) du Tintoret, une jeune femme espionnée par deux vieillards libidineux.

La dévotion occupe une place centrale dans la *Madone à la prairie* (1506 ; salle 4) de Raphaël, un des chefs-d'œuvre de la **Haute Renaissance**, tout comme dans la *Madone du rosaire* (1607 ; salle 5), un émouvant retable de la Contre-Réforme réalisé par l'artiste **baroque italien** le Caravage. La salle 7 est également passionnante, avec les tableaux anthropomorphiques de Giuseppe Arcimboldo, inspirés des saisons et des éléments, par exemple *L'Été* (1563), truffé de fruits, *L'Hiver* (1563) et *Le Feu* (1566). Admirez également *Schönbrunn* (1761) du paysagiste vénitien Canaletto, représentation minutieuse de ce palais à l'époque impériale.

Des artistes présentés dans les dernières salles consacrées à la peinture **espagnole, française et anglaise**, Vélasquez tient sans conteste la vedette. Remarquez son portrait de *L'Infante Marguerite en bleu* (1659 ; salle 12) : la volumineuse robe en soie semble en trois dimensions et l'on ressent l'innocence de cette enfant de 8 ans. Voyez aussi le *Paysage du Suffolk* de Gainsborough (1748), avec sa facture délicate et ses couleurs chatoyantes, et la tumultueuse

Musée des Beaux-Arts de Vienne

Premier étage : Pinacothèque

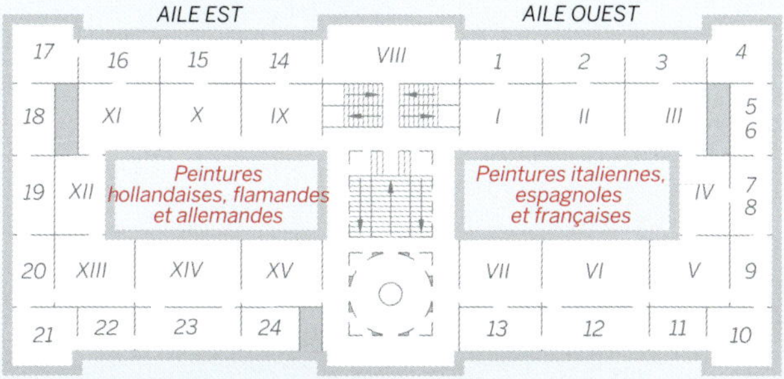

Rez-de-chaussée

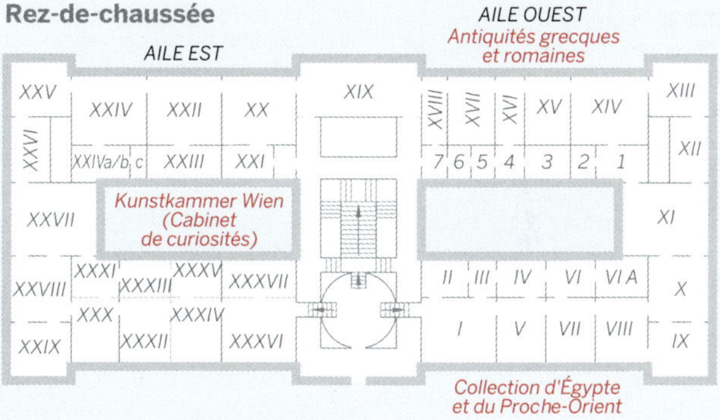

Destruction du Temple de Jérusalem (1639) du français Nicolas Poussin.

Cabinet d'art et de curiosités

Imaginez les trésors que vous pourriez acheter avec des coffres pleins et le monde à votre disposition. C'est ce qu'ont fait les Habsbourg en remplissant leur **Kunstkammer** d'une collection encyclopédique d'objets rares et précieux : des coupes en défense de narval aux pieds de table incrustés de dents de requin fossiles. Ses 20 salles thématiques contenant 2 200 œuvres d'art attestent de la passion pour ce type de collections des têtes couronnées à la Renaissance et à l'époque baroque.

Le clou de ce cabinet est une *Saliera* (salière) de Benvenuto Cellini (salle XXIX), commandée par François Ier en 1540, une pièce d'orfèvrerie en or, ivoire et émail. Parmi les autres pièces phares de la Kunstkammer, citons une sculpture en ivoire du début du XVIIe, *La Furie*, la *Madonne de Krumau* (1400) à la beauté sereine, un chef-d'œuvre de style gothique originaire de Bohème, et la *Coupe Dragon* (1570) de Gasparo Miseroni, en lapis-lazuli, incrustée de pierres précieuses.

Collection d'Égypte et du Proche-Orient

Au rez-de-chaussée, cette collection exposée dans l'ordre chronologique permet de décrypter les mystères des civilisations égyptiennes, en commençant par les trésors **prédynastiques** et ceux de l'**Ancien Empire**. Exceptionnellement bien conservée, la **chambre cultuelle de Ka-ni-nisut** est décorée de bas-reliefs et de hiéroglyphes qui retracent la vie des dignitaires de la Ve dynastie.

Stèles, autels sacrificiels, boîtes à bijoux, bustes de sphinx et statues de pharaons donnent vie au **Moyen** et **Nouvel Empire**. Un hippopotame en céramique turquoise (2000 av. J.-C.) et la bague-sceau en or de Ramsès X (1120 av. J.-C.) prouvent l'excellence de l'artisanat égyptien. Durant la **période tardive**, les pharaons régnaient sur un territoire allant de l'Égypte à la Perse. Voyez le *Livre des morts de Khonsu-mes*, vieux de 3 000 ans, le sarcophage en bois polychrome de Nes-pauti-taui et les vases canopes à tête de singe, de faucon ou de chacal.

Des sarcophages en pierre, des masques funéraires en or et des bustes de dignitaires illustrent la période **ptolémaïque** et **gréco-romaine**. La pièce maîtresse de la collection du **Proche-Orient** est un lion provenant de la porte d'Ishtar (604-562 av. J.-C.), à Babylone.

Antiquités grecques et romaines

Avec 2 500 objets d'une extrême variété, rassemblés par les empereurs successifs, cette collection couvre trois millénaires, de l'âge du bronze chypriote au début du Moyen Âge.

L'**art chypriote et mycénien** fait remonter le visiteur aux sources de la civilisation occidentale, il y a 2 500 ans, avec notamment une statue votive d'un homme à la tunique finement plissée.

L'**art grec** s'illustre dans la statuaire, notamment dans un fragment de la frise nord du Parthénon montrant deux hommes barbus. Des pièces telles que le Sarcophage des Fuger, au bas-relief criant de vérité (combat d'Amazones), témoignent de l'épanouissement artistique de l'époque **hellénistique**. Dans la section consacrée à l'**Italie préromaine**, voyez les statues d'Athéna, les couronnes funéraires finement ouvrées d'or et le combat des Titans et des Dieux travaillé au repoussé.

L'importante collection **romaine** comprend le chef-d'œuvre polychrome qu'est la *Mosaïque de Thésée* (IVe siècle) découverte près de Salzbourg. Vous pourrez aussi contempler la captivante sculpture *La Chasse au lion* (IIIe siècle) ainsi que la *Gemma Augustea* (Ier siècle), une camée en sardonyx. Enfin, admirez les vases d'or du **trésor de Nagyszentmiklós** (début du Moyen Âge) découvert en 1799 en Roumanie.

Collection numismatique

Cette gigantesque collection numismatique, à l'échelle des possessions habsbourgeoises, couvre trois millénaires et occupe trois salles du 2e étage (salles I, II et III). Les 2 000 billets, pièces et médaillons exposés ne constituent qu'une infime fraction de la collection de 700 000 artéfacts du musée des Beaux-Arts de Vienne.

La première salle, consacrée aux médailles (les premières, italiennes, datent de la Renaissance, vers l'an 1400), présente quelques-uns des trésors en or et argent de la maison Habsbourg.

La deuxième est dédiée à l'histoire de la monnaie, depuis la première pièce frappée en Lydie au VIIe siècle av. J.-C. jusqu'au XXe siècle : voyez notamment le statère orné d'une tête de lion en circulation sous Alyatte, roi de Lydie (610-560 av. J.-C.), et les pièces athéniennes à l'effigie de la déesse Athéna et de sa chouette. La troisième salle accueille des expositions temporaires.

Incontournable

Le MuseumsQuartier

Lieu de rencontres des architectures baroque et d'avant-garde, le MuseumsQuartier est l'un des espaces culturels les plus ambitieux au monde. Sur 90 000 m^2, cet ensemble de musées, de cafés, de restaurants, de boutiques, de bars et de salles de spectacle occupe les anciennes écuries impériales conçues par Fischer von Erlach en 1725. Il est impossible de tout voir en un jour : sélectionnez quelques sites.

PLAN P. 92, G4

MuseumsQuartier ; MQ

01-523 58 81

www.mqw.at

07, Museumsplatz 1

49 Volkstheater

U Museumsquartier, Volkstheater

Leopold Museum

Leopold Museum (www.leopoldmuseum.org ; adulte/enfant 15/2,50 € ; ⏲10h-18h mar-dim). Dans ce bâtiment en pierre calcaire blanche doté d'un atrium couvert de 21 m, la plupart des salles bénéficient de la lumière naturelle. Rudolf Leopold acquit son premier Egon Schiele (1890-1918) pour une bouchée de pain en 1950. Il était alors étudiant. Il réunit dès lors une immense collection d'œuvres autrichiennes (art du XIXe siècle et moderne surtout). En 1994, il vendit l'ensemble (5 266 tableaux) au gouvernement autrichien pour 160 millions d'euros (vendus individuellement, les tableaux lui auraient rapporté 574 millions d'euros) : le musée Léopold était né.

Leopold admirait Schiele : le musée abrite la plus grande collection au monde d'œuvres du peintre, soit 41 peintures et 18 dessins, aquarelles et lithographies. Parmi les œuvres les plus remarquables, citons *Un homme et la mort* (*Visionnaire II*, 1911), *Mère avec deux enfants II* (1915) et *Le Cardinal et la nonne* (1912), une paraphrase provocatrice du *Baiser* de Klimt.

Ce panorama de l'art viennois au tournant des XIXe et XXe siècles expose des œuvres d'Oskar Kokoschka, d'Adolf Loos, de Josef Hoffmann, d'Otto Wagner et bien entendu de Gustav Klimt, dont l'allégorie célèbre, *La Mort et la vie* (1910), représente un groupe de figures entrelacées, menacées par la Faucheuse. Le Café Leopold (www.cafeleopold.wien ; ⏲9.30-1h lun-ven, 9h30-minuit sam-dim ; wifi) est situé au dernier étage.

MUMOK

Museum Modener Kunst (www.mumok.at ; adulte/enfant 14 €/gratuit ; ⏲10h-18h mar-dim, 10h-21h jeu). Le monolithe de basalte qui abrite le musée d'Art moderne (photo) contient la plus belle collection d'art viennois

★ À savoir

- Billets combinés pour plusieurs musées disponibles auprès du **MQ Point** (☎01-523 58 81 ; www.mqw.at ; ⏲10h-19h).
- **MQ FAB 4** (22,90 €) : accès à tous les musées, tarif réduit au Zoom et remise de 30 % sur les spectacles du Tanzquartier Wien.
- Découvrir le MQ et son histoire, mais aussi les studios de création est possible avec le **Secret MQ Tour** et le **G21 Backstage Tour** : infomations MQ Point.

✕ Une petite pause ?

Kantine (☎01-523 82 39 ; www.mq-kantine.at ; plats 8,50-12,90 € ; ⏲cuisine 9h-23h, bar 9h-minuit dim-jeu, 9h-1h ven-sam ; wifi, végétarien). Bullez à la terrasse de ce café-bar, le plus décontracté du MuseumsQuartier.

contemporain, centrée sur Fluxus, le Nouveau Réalisme, le pop art et le photoréalisme.

L'essentiel de l'expressionnisme, du cubisme, de l'art minimal et de l'actionnisme viennois y est présenté (9 000 œuvres au total, renouvelées régulièrement). L'actionnisme viennois des années 1960, qui fait parfois place à des expositions temporaires, est né en rupture complète avec l'art dominant et une Autriche aux mœurs alors très conservatrices.. Ses membres visaient à scandaliser par leurs performances violentes, et des œuvres impliquant le corps humain comme support.

Les "classiques" de l'art moderne exposés ici (Mondrian, Kandinsky, Man Ray, Brancusi, Picasso, Klee, Magritte, Giacometti...) semblent aujourd'hui inoffensifs en comparaison. Il est conseillé de vérifier que les expositions sont adaptées aux enfants.

Musée d'Art de Vienne

Kunsthalle Wien (☎01-521 890 ; www.kunsthallewien.at ; adulte/enfant 8 €/gratuit ; 🕐11h-19h 🕐11h-19h mar-mer et ven-dim, 11h-21h jeu). Photographie, vidéo, cinéma, installations et nouveaux médias font l'objet d'expositions temporaires, dans deux espaces (Halle) pensés pour l'art contemporain international. Le second site déploie ses parois de verre minimalistes sur la Karlsplatz (04, Treitlstrasse 2 ; mêmes tarifs et horaires). Le week-end, visites guidées d'une heure en anglais et en allemand :

Le MuseumsQuartier

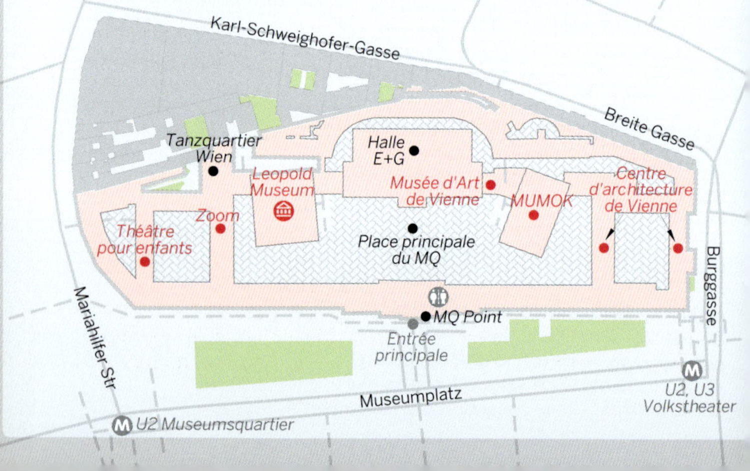

thématiques le samedi (Halle 1 à 15h, Halle 2 à 16h), d'ensemble le dimanche (mêmes horaires).

Centre d'architecture de Vienne

Architekturzentrum Wien (01-522 31 15 ; www.azw.at ; adulte/enfant 9 € /gratuit ; 10h-19h, bibliothèque 10h-18h mer, ven-dim). L'exposition permanente, consacrée à l'architecture des XXe et XXIe siècles en Autriche, souffre parfois d'un manque de lisibilité. Les expositions temporaires sont tournées vers l'international. Consultez l'agenda en ligne et réservez bien à l'avance pour les visites thématiques de Vienne (à pied), en anglais et allemand, organisées par le Centre.

Zoom

Musée des enfants (01-524 79 08 ; www.kindermuseum.at ; exposition adulte/enfant 5 €, ateliers enfant 7 €, adulte accompagnateur 7 € ; 12h30-16h mar-dim ;). Les Picasso et Einstein en herbe adorent ce musée interactif, ses ateliers et jeux. Outre des expositions temporaires, la section "Océan" les entraîne dans un parcours ludique stimulant la coordination (tunnels de miroirs, grottes, pont d'un bateau). Les 8-14 ans ont accès à un studio d'animation et à un laboratoire du futur. Consultez les horaires sur le site web. Les activités durent une heure et demie ; réservation obligatoire au guichet ou en ligne.

Théâtre pour enfants

Dschungel Wien (01-522 07 20 20 ; www.dschungelwien.at ; billet adulte/enfant à partir de 12/6 € ; billetterie 16h-18h lun-ven ;). Marionnettes, musique, danse, théâtre classique ou de narration... Agenda en ligne des spectacles (plusieurs par jour) en allemand, parfois en anglais. En matinée, les adultes paient le prix d'une entrée enfant.

Danse

Tanzquartier Wien (01-581 35 91 ; www.tqw.at ; billets 10-45 € ; billetterie 10h-19h30 lun-ven, 10h-19h30 sam sept à mi-juil). Le principal lieu de danse à Vienne. Réduction pour les étudiants sur les billets réservés en amont. Les invendus sont proposés à la vente 15 min avant le début des représentations.

Les cours du MuseumsQuartier

En hiver comme en été, elles accueillent de nombreuses manifestations, des festivals du film aux marchés de Noël, des lectures littéraires aux soirées DJ. Programme détaillé sur le site www.mqw.at. En été, les cours sont très fréquentées et les terrasses des cafés débordent de vie.

Incontournable

Le Muséum d'histoire naturelle

Minéraux, fossiles, os de dinosaures, découvertes archéologiques uniques... Le Naturhistorisches Museum retrace l'histoire naturelle sur quatre milliards d'années. Avec ses salles aux stucs exquis et sa coupole spectaculaire, ce bâtiment de la fin du XIXe siècle est la réplique exacte du musée de Beaux-Arts de Vienne qui lui fait face.

PLAN P. 92, G3

www.nhm-wien.ac.at

01, Maria-Theresien-Platz

adulte/enfant 14 €/gratuit

9h-18h30 jeu-lun, 9h-21h mer

U Volkstheater

Rez-de-chaussée : météorites, dinosaures et préhistoire

Les premières salles exposent des minéraux, fossiles et gemmes, dont un époustouflant bouquet de pierres précieuses, le "Blumenstrauss", que l'impératrice Marie-Thérèse offrit à son époux en 1760.

La salle 5 fait entrer dans une autre dimension, avec la plus grande collection de **météorites** (1 100) au monde, dont les météorites de Chassigny (fragment de Mars), qui tomba en France en 1815, et de Tissint, découverte au Maroc en 2011.

La salle 10 est faite pour les enfants et les amateurs de **dinosaures**, avec sa plate-forme où trônent les squelettes d'un diplodocus et d'un iguanodon, la reconstitution animée d'un allosaure de 6 m de haut. Admirez aussi *Archelon ischyros*, la plus grosse tortue qui ait jamais existé.

Les salles 11 à 13 renferment des objets **préhistoriques**, comme la fourrure d'un mammouth laineux et des outils datant de Néandertal.

La **collection anthropologique** (salles 14 et 15) raconte de manière vivante et interactive l'évolution des hominidés (bipédie, développement du cerveau...).

Salle 16 : **planétarium** (adulte/enfant 5/3 €, 62 places) ; y sont projetés des films de 45 min (*De la Terre à l'Univers*, *Voyage à travers la nuit – pour les enfants*...).

Premier étage : zoologie

Le premier étage, axé sur la zoologie et l'entomologie, abrite d'innombrables espèces communes, menacées ou disparues. À voir : un mollusque de 1,4 m de long (salle 23), une tortue géante des Galápagos (salle 28), des paresseux à deux doigts découverts en 1831 au Brésil (salle 33) et un squelette de rorqual commun (salle 34).

★ À savoir

- Avant la pandémie de Covid, des visites **sur les toits**, en anglais, pour admirer le panorama et l'architecture du bâtiment (interdites aux moins de 12 ans) et une **Nacht im Museum**, pour vivre une nuit au musée avec visite à la lampe torche (enfants accompagnés seulement ; sac de couchage nécessaire), étaient organisées. Dates et réservation : site Internet ou boutique du Muséum.

Une petite pause ?

Café Central (www.cafecentral.wien ; 01, Herrengasse 14 ; 8h-21h lun-sam, 10h-21h dim et vacances ; ; U Herrengasse). L'incarnation même de la culture viennoise des cafés.

Les jeunes créateurs de Neubau

Pour découvrir le milieu viennois de la mode et du design, rien ne vaut le 7e arrondissement, Neubau, un vivier de créativité où l'on peut souvent voir les artistes au travail. Cette promenade d'une demi-journée fait découvrir les boutiques présentant les dernières créations, les cafés les plus à la mode.

Circuit

Départ Das Möbel (🚋 49 Volkstheater)

Arrivée Elke Freytag (🚋 49 Siebensterngasse)

Distance et durée 1,8 km ; 1 à 2 h

❶ Café et shopping

Das Möbel (dasmoebel.at ; 07, Burggasse 10 ; 11h-18h30 mar-ven, 10h-17h sam). Café branché doublé d'un fabricant de meubles.

❷ Die Werkbank

Die Werkbank (www.werkbank.cc ; 07, Breite Gasse 1 ; 14h-18h mer-ven, 10h-17h sam). "L'Établi" est un collectif de designers viennois qui exposent ici leur travail.

❸ Objets Art déco et Bauhaus

Holzer Galerie (www.galerieholzer.at ; 07, Siebensterngasse 32 ; 13h-18h lun-ven, 10h-17h sam). Meubles, objets décoratifs et luminaires Art déco et Bauhaus.

❹ Bijoux uniques

Ilga Zemann crée ses bijoux originaux à l'atelier **Schmuckladen** (www.schmuckladen.org ; 07, Kirchengasse 40 ; 13h-18h mer, 11h-18h30 jeu-ven, 11h-17h sam).

❺ Sacs faits main

Ina Kent (www.inakent.com ; 07, Siebensterngasse 50 ; 11h-19h lun-ven, 11h-18h sam). Pochettes, sacs à mains et *tote bags* en cuir (tannage végétal).

❻ Arts appliqués

Schauraum (0676 757 67 00 ; www.schauraum.at ; 07, Siebensterngasse 33 ; 13h-18h mar-jeu). Art de la table, accessoires avant-gardistes et mode.

❼ Nouveaux talents

S/GHT (www.sight.at ; 07, Neubaugasse 46 ; 11h-19h lun-ven, 11h-18h sam). Magasin vitrine des jeunes marques autrichiennes.

❽ Mode expérimentale

Wiener Konfektion (www.wiener-konfektion.at ; 07, Westbahnstrasse 4 ; 12h-18h lun-ven, 11h-16h sam). Collection de vêtements décontractés pour femmes, made in Vienne.

❾ Mode de demain

Park (www.park-onlinestore.com ; 07, Mondscheingasse 20 ; 10h-19h mar-ven, 10h-18h sam). Magazines, vêtements, accessoires et meubles ultrabranchés dans un espace de 480 m^2 d'un blanc immaculé.

❿ Nouvelles tendances

Créations uniques (vêtements et maillots de bain) de la styliste **Elke Freytag** (www.elkefreytag.com ; 07, Lindengasse 14 ; 12h-18h mer-ven, 10h-15h sam).

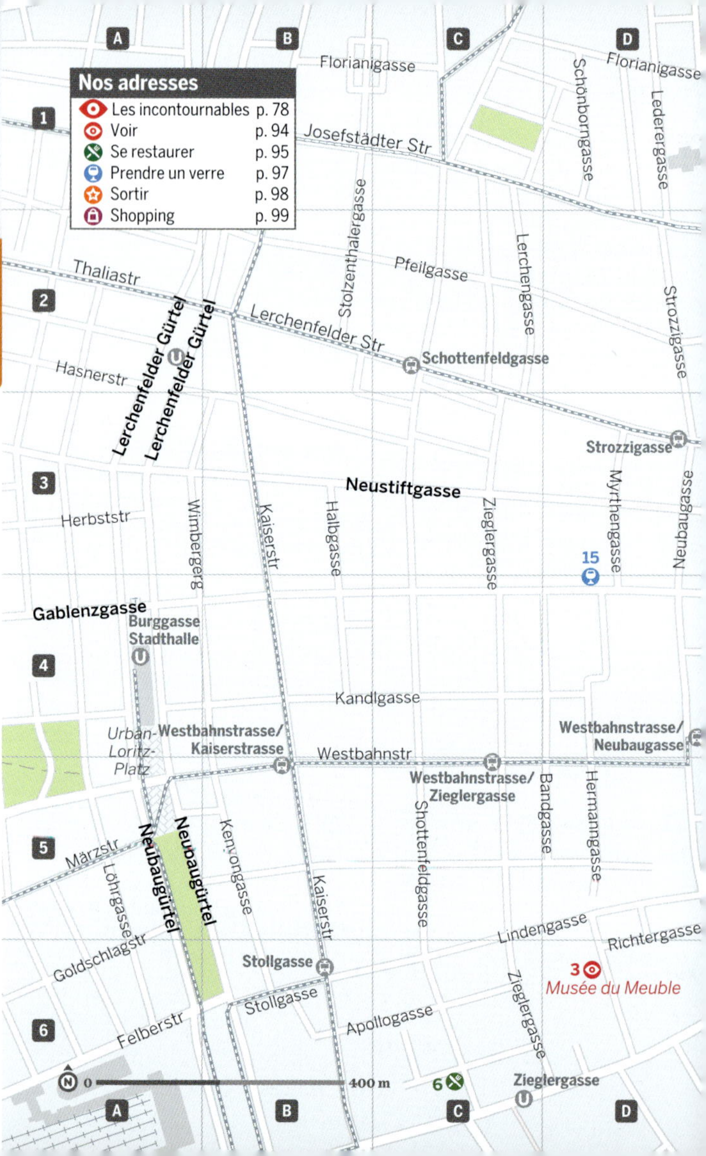
Nos adresses
Les incontournables p. 78
Voir p. 94
Se restaurer p. 95
Prendre un verre p. 97
Sortir p. 98
Shopping p. 99
A
B
C
D
1
2
3
4
5
6
Florianigasse
Florianigasse
Schönborngasse
Lederergasse
Josefstädter Str
Stolzenthalergasse
Pfeilgasse
Lerchengasse
Strozzigasse
Thaliastr
Lerchenfelder Str
Lerchenfelder Gürtel
Lerchenfelder Gürtel
Hasnerstr
Schottenfeldgasse
Strozzigasse
Neustiftgasse
Herbststr
Wimbergerg
Kaiserstr
Halbgasse
Zieglergasse
Myrthengasse
Neubaugasse
15
Gablenzgasse
Burggasse
Stadthalle
Kandlgasse
Urban-Loritz-Platz
Westbahnstrasse/
Kaiserstrasse
Westbahnstr
Westbahnstrasse/
Neubaugasse
Westbahnstrasse/
Zieglergasse
Shottenfeldgasse
Bandgasse
Hermanngasse
Märzstr
Löhrgasse
Neubaugürtel
Neubaugürtel
Kenyongasse
Kaiserstr
Lindengasse
Richtergasse
Goldschlagstr
Stollgasse
3
Musée du Meuble
Stollgasse
Apollogasse
Zieglergasse
Felberstr
0
400 m
6
Zieglergasse

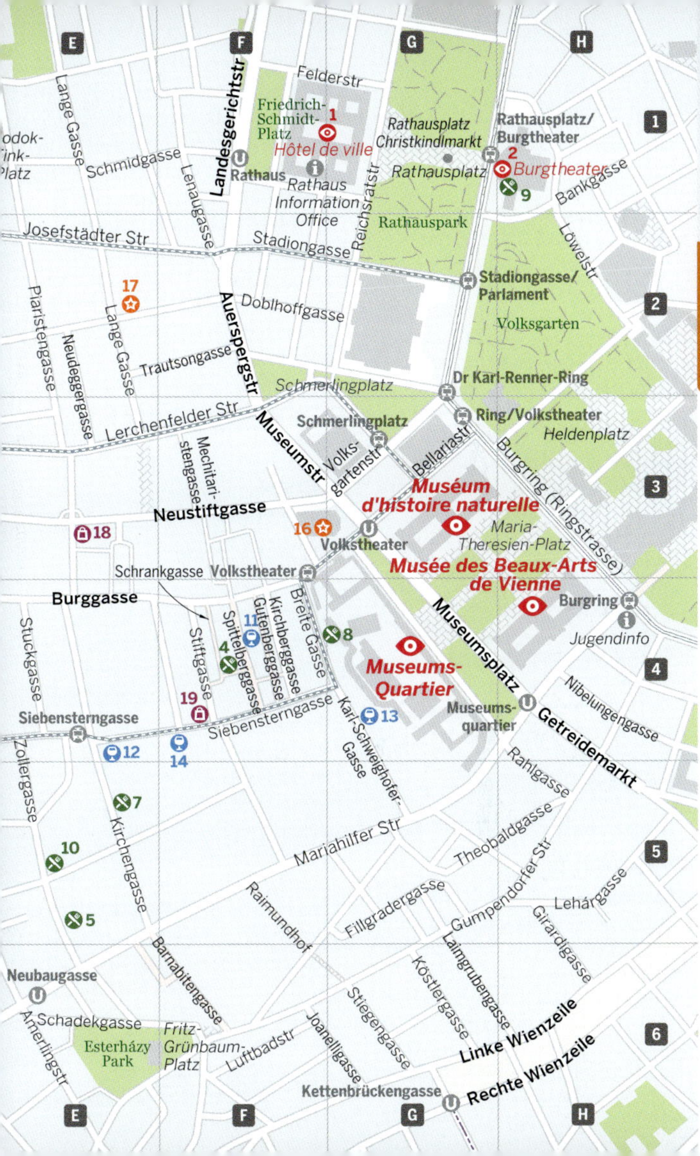
E
F
G
H
1
2
3
4
5
6
Felderstr
Friedrich-Schmidt-Platz
1
Hôtel de ville
Rathausplatz Christkindlmarkt
Rathausplatz/ Burgtheater
2
Burgtheater
Bankgasse
9
Rathausplatz
Rathaus
Rathaus Information Office
Rathauspark
Reichsratstr
Landesgerichtstr
Lange Gasse
Schmidgasse
Lenaugasse
Josefstädter Str
Stadiongasse
Löwelstr
Stadiongasse/ Parlament
Volksgarten
17
Piaristengasse
Neudeggergasse
Lange Gasse
Trautsongasse
Auerspergstr
Doblhoffgasse
Schmerlingplatz
Dr Karl-Renner-Ring
Ring/Volkstheater
Heldenplatz
Lerchenfelder Str
Museumstr
Schmerlingplatz
Volksgartenstr
Bellariastr
Burgring (Ringstrasse)
Mechitaristengasse
Muséum d'histoire naturelle
Maria-Theresien-Platz
Neustiftgasse
18
16
Volkstheater
Schrankgasse
Volkstheater
Musée des Beaux-Arts de Vienne
Burgring
Jugendinfo
Burggasse
Stuckgasse
Stiftgasse
Spittelberggasse
Gutenberggasse
Kirchberggasse
Breite Gasse
11
4
8
Museums-Quartier
Museumsplatz
Museumsquartier
Nibelungengasse
Getreidemarkt
19
Siebensterngasse
Siebensterngasse
13
Karl-Schweighofer-Gasse
12
14
Zollergasse
Rahlgasse
7
Kirchengasse
Mariahilfer Str
Theobaldgasse
10
Gumpendorfer Str
Lehárgasse
Raimundhof
Fillgradergasse
5
Girardigasse
Laimgrubengasse
Köstlergasse
Barnabitengasse
Neubaugasse
Stiegengasse
Linke Wienzeile
Schadekgasse
Amerlingstr
Esterházy Park
Fritz-Grünbaum-Platz
Luftbadstr
Joanelligasse
Kettenbrückengasse
Rechte Wienzeile

Voir

Hôtel de ville
ARCHITECTURE NÉOGOTHIQUE

1 PLAN P. 92, G1

La **Rathaus** néogothique de Vienne, achevé en 1883 par Friedrich von Schmidt, est inspirée des hôtels de ville flamands. Le bâtiment ne cesse de surprendre : façade ciselée, fenêtres en ogive et tourelles élancées, cours intérieures inspirées du modèle palatial baroque, volume de la salle des fêtes, lustre de la salle du conseil municipal... La place qui lui fait face, presque toujours en fête (festivals de musique, marché de Noël...), et le parc attenant (**Rathauspark**) sont des lieux de rendez-vous des Viennois. (Rathaus ; ☎01-502 55 ; www.wien.gv.at ; 01, Rathausplatz 1 ; entrée, visites guidées (30 min) et audioguides gratuits ; Se renseigner au 01-40 004 001 ; D, 1, 2, 71 Rathausplatz/Burgtheater, U Rathaus)

Burgtheater
THÉÂTRE

2 PLAN P. 92, H1

La création d'un grand **théâtre** impérial fut un des projets phares de la construction du Ring : c'est aujourd'hui le deuxième plus vieux théâtre national d'Europe (après la Comédie-Française) et une scène renommée. Des visites guidées de 50 min (allemand/support en français) permettent d'en admirer l'intérieur : une est axée sur la salle (restaurée après la Seconde Guerre mondiale), une autre sur les coulisses et les œuvres des frères Klimt et de Franz Matsch au-dessus de l'escalier d'honneur. (☎01-514 44 4140 ; www.burgtheater.at ; 01, Universitätsring 2 ; spectacle : place assise 7,80-64 €, place debout 4 € ; billeterie 9h-17h lun-ven, fermé juil-août ; visites adulte/enfant 8/4 € ; 15h jeu-ven, 11h sam-dim et vacances ; 01, Universitätsring 2 ; D, 1, 71 Rathausplatz/Burgtheater)

Musée du Meuble
MOBILIER

3 PLAN P. 92, D6

Dans ce musée très sous-estimé est conservé le mobilier non exposé dans les différentes résidences des Habsbourg (Hofburg, château de Schönbrunn, Belvédère...) ; trônes impériaux itinérants, cercueil de l'empereur Maximilien, lit de Sissi, mais aussi l'ensemble le plus complet au monde de meubles Biedermeier et Jugendstil, et des créations de Wagner, Loos et Hoffmann. Sa visite est incluse dans le billet Sissi, voir p. 46. (Hofmobiliendepot ; ☎01-524 33 57 ; www.hofmobiliendepot.at ; 07, Andreasgasse 7 ; adulte/enfant avec audioguide 10,50/6,50 € ; 10h-17h mar-dim ; U Zieglergasse)

Se restaurer

Tian Bistro

VÉGÉTARIEN **€€**

4 PLAN P. 92, F4

L'été, des tables colorées sont dressées dans la ruelle pavée devant le restaurant, tandis que la salle intérieure et ses plantes vertes sont éclairées par un toit de verre. Moins onéreux et guindé que **Tian** (p. 69), on y sert de délicieux plats végétariens et végans, comme le risotto aux truffes noires et aux noisettes du Piémont. Brunch jusqu'à 14h le samedi. (01-526 94 91 ; www.tian-bistro.com ; 07, Schrankgasse 4 ; plats 7-18 € ; 17h30-22h lun, 12h-22h mar-ven, 10h-22h sam-dim ; ; 49 Siebensterngasse)

Liebling

CAFÉ **€**

5 PLAN P. 92, E5

Pas d'enseigne au-dessus de la porte du Liebling, dont les murs décrépis, le parquet brut et le mobilier vintage dépareillé créent une atmosphère de décontraction. Installez-vous pour un petit-déjeuner (jusqu'à 16h) ou un déjeuner sain (plats du jour : tourte épinard-féta, wraps potiron-pignons de pin, gâteau chocolat-lavande...). Jus de fruits frais à savourer toute la journée. Bar très animé le soir. Espèces uniquement. (01-990 58 77 ; www.facebook.com/liebling1070 ; 07, Zollergasse 6 ; plats 6,10-10,90 € ; cuisine 9h-22h tlj, bar 9h-2h tlj ; ; U Neubaugasse)

Patinage sur la Rathausplatz

Swing Kitchen

VÉGAN **€**

6 PLAN P. 92, C6

Swing Kitchen a calculé le bilan écologique de ses burgers bio et végans : ils impliquent moins de surface agricole (-93 %), d'eau (-85 %), de céréales (-96 %), d'énergie (-95 %) et d'émissions de gaz à effet de serre (-92 %), par rapport aux burgers à la viande. À goûter : le burger au *Schnitzel* végan ou le Swing Burger sauce barbecue. Il sert aussi des salades. (www.swingkitchen.com ; 07, Schottenfeldgasse 3 ; burgers 5-10 € ; 11h-22h ; ; U Zieglergasse)

Figar

CAFÉ **€**

7 PLAN P. 92, E5

Sous une fresque *street art*, ce café de quartier sert de copieux petits-déjeuners jusqu'à 16h, du Working Class Hero (saucisse, champignons, haricots blancs maison, épinards et brochette de tomates cerises rôties) à l'Exquisite (jambon de Thum, chorizo, emmental et œufs brouillés), ainsi que du yaourt, du muesli, du porridge et des pâtisseries.

Le soir, bar à cocktails et musique house. (01-890 99 47 ; 1070.figar.net ; 07, Kirchengasse 18 ; petit-déj 9,50-12 €, plats 12-15 € ; cuisine 9h-22h tlj, bar jusqu'à minuit dim-mer, jusqu'à 2h jeu-sam ; ; 49 Siebensterngasse, U Neubaugasse)

Glacis Beisl

BISTROT **€€**

8 PLAN P. 92, G4

Dissimulé dans la Breite Strasse (suivre les panneaux depuis le MUMOK), le Glacis Beisl sert une cuisine autrichienne traditionnelle et savoureuse (un authentique *Krautfleckerl* – plat à base de pâtes et de chou –, une *Wiener Schnitzel* – escalope panée – parfaite...), à accompagner d'un blanc ou d'un rouge viennois. En été, grande cour arborée. (01-526 56 60 ; glacisbeisl.at ; 07, Breite Gasse 4 ; plats 8,50-21,50 € ; cuisine 12h-22h30, bar 12h-minuit tlj ; ; 49 Volkstheater, U Volkstheater)

Vestibül

AUTRICHIEN **€€€**

9 PLAN P. 92, H1

Logé dans l'aile sud du Burgtheater (p. 94), ce restaurant aux colonnes en marbre encadrant de grands miroirs et au décor de stuc réinvente la cuisine traditionnelle en privilégiant les produits régionaux et de saison. Pour aiguiser votre appétit, songez à la langouste à la choucroute ou à l'épaule de veau braisée et sa sauce à la barbue fumée. Réservation recommandée. (01-532 49 99 ; www.vestibuel.at ; 01, Universitätsring 2 ; plats 16-48 €, dîner 3/4 plats 58/72 € ; 12h-22h mar-ven, 18h-22h sam ; D, 1, 71 Rathausplatz/Burgtheater)

Tart'a Tata

PÂTISSERIES €

10 PLAN P. 92, E5

De sublimes pâtisseries à la française – macarons de toutes les couleurs, éclairs vernissés, babas au rhum et tartes aux fraises gourmandes – sont présentées comme des bijoux sous vitrine dans cet établissement qui propose aussi des croissants au beurre et des pains au chocolat. À emporter ou à consommer sur place, dans la partie café. (07, Lindengasse 35 ; pâtisseries 3-6 € ; 10h-18h lun-sam ; U Neubaugasse)

Prendre un verre

Melete Art Design Cocktails

BAR À COCKTAILS

11 PLAN P. 92, F4

Galerie d'art et bar, Melete accorde ses expositions avec des boissons inventives. Son exposition "Afrique", par exemple, s'accompagnait de cocktails comme le Madagascan Sunrise (rhum vanille, sirop d'hibiscus et jus de mangue), "L'art de la lumière" a inspiré le Solar (chartreuse jaune, gin, vermouth doux et yuzu). Les œuvres exposées sont en vente ; agenda en ligne. (www.melete.at ; 07, Spittelberggasse 18 ; 17h-22h jeu-ven, 15h-22h sam ; ; 49 Volkstheater)

J Hornig Kaffeebar

CAFÉ

12 PLAN P. 92, E4

Chez ce spécialiste du café, les grains en provenance directe des producteurs sont torréfiés sur place puis utilisés en expresso, Americano ou Aeropress, infusés goutte à goutte ou à froid pour servir la tasse parfaite, à accompagner de gâteaux maison. Cet espace ultramoderne au décor industriel met à disposition des prises pour recharger les appareils. (www.jhornig.com ; 07, Siebensterngasse 29 ; 8h-19h lun-ven, 9h-19h sam-dim ; ; Siebensterngasse)

Donau

CLUB

13 PLAN P. 92, G4

Ce club en sous-sol est difficile à repérer : aucune enseigne ne l'indique, il faut chercher la porte métallique. Dans une salle à colonnes, au milieu des projections numériques, les DJ mixent de la techno devant une foule survoltée. Stand de saucisses sur place. Horaires variables. (www.donautechno.com ; 07, Karl-Schweighofer-Gasse 10 ; 20h-4h lun-jeu, 20h-6h ven-sam, 20h-2h dim ; U Museumsquartier)

Siebensternbräu

MICROBRASSERIE

14 PLAN P. 92, F4

Brasserie animée et sans prétention. Blondes houblonnées et maltées, bières au chanvre, au piment ou fumées, à siroter avec des bretzels ou devant une

Schnitzel, du goulasch ou un jarret de porc (plats midi 7,60 €, soir 6,10/17,50 €). En été, la cour ne désemplit pas. (www.7stern.at ; 07, Siebensterngasse 19 ; 11h-23h lun-sam, 11h-22h dim ; ; 49 Siebensterngasse)

Wirr

BAR, CLUB

15 PLAN P. 92, D4

Le week-end, il est difficile de trouver une place sur les canapés *vintage* de ce bar alternatif coloré, aux murs habillés d'œuvres d'artistes locaux. Dans la cave, **Dual** (www.clubdual.at), un club à l'ambiance décontractée, accueille des soirées électro. (www.wirr.at ; 07, Burggasse 70 ; 8h-2h dim-mer, 8h-4h jeu-sam ; 46 Strozzigasse)

Sortir

Volkstheater

THÉÂTRE

16 PLAN P. 92, F3

Le Volkstheater, construit en 1889, est un des plus grands et majestueux théâtres viennois. Y sont montées des œuvres traduites pour la plupart (d'Ingmar Bergman à Molière), mais en allemand. Réservation obligatoire ; les étudiants peuvent acheter les billets invendus (5 €) 1 h avant le début de la représentation. (01-521 11-400 ; www.volkstheater.at ; 07, Arthur-Schnitzler-Platz 1 ; billets 11-58 € ; billetterie 12h-19h30 lun-sam ; U Volkstheater)

Marché de Noël de la Rathausplatz

Les marchés de Noël

De la mi-novembre à Noël, les *Christkindlmärkte* s'installent dans les rues et les places, avec des stands vendant des jouets en bois, des décorations de Noël et des spécialités traditionnelles comme les *Wurst* (saucisses) et le *Glühwein* (vin chaud). Le plus grand est le **Rathausplatz Christkindlmarkt** (www.wienerweihnachtstraum.at ; 01, Rathausplatz ; mi-nov au 26 déc ; D, 1, 71 Rathausplatz/Burgtheater, U Rathaus).

Dans les charmantes rues pavées du quartier de Spittelberg, le **Spittelberg Christkindlmarkt** (www.spittelberg.at ; 07, Spittelberggasse ; mi-nov au 23 déc ; U Volkstheater, Museumsquartier) est particulièrement apprécié des Viennois.

Vienna's English Theatre

THÉÂTRE

17 PLAN P. 92, E2

Fondé en 1963, le Vienna's English Theatre est le plus ancien théâtre en langue étrangère de Vienne (dont en français). Étudiants : réduction de 20 % et possibilité d'acheter les places invendues 15 min avant le spectacle. (01-402 12 60-0 ; www.englishtheatre.at ; 08, Josefsgasse 12 ; billets 25-48 € + 1€ pour la restauration du théâtre ; billetterie le jour des spectacles 10h-19h lun-ven, 17h-19h dim et fériés ; jour off 10h-17 ; fermé juil à mi-août ; 2 Rathaus, U Rathaus)

Shopping

Runway

MODE ET ACCESSOIRES

18 PLAN P. 92, E3

Runway est un tremplin pour la nouvelle génération des créateurs autrichiens. Avec ses fenêtres cintrées, l'espace est un écrin pour les tendances actuelles du prêt-à-porter féminin à Vienne. Vêtements et accessoires sont présentés sur des étagères pivotantes. (www.runwayvienna.at ; 07, Kirchengasse 48 ; 12h-18h mar-sam ; 46 Strozzigasse)

Schokov

CHOCOLATS

19 PLAN P. 92, F4

Chocolaterie élégante où l'on trouve les meilleures pralines et truffes (plus de 200 variétés) de Vienne, des chocolats maison au piment, à la lavande, au sel marin, à la pomme de terre et au poivre, mais aussi les grandes marques autrichiennes comme Zotter et Scharffen Berger. L'atelier dégustation (1h30) de 20 chocolats (en anglais à la demande) coûte 29 €. (schokov.com ; 07, Siebensterngasse 20 ; 12h-18h30 lun-ven, 10h-18h sam ; 49 Siebensterngasse)

KARLSPLATZ

Explorer
La Karlsplatz

Bordant le Ring dans l'angle sud-est de l'Innere Stadt, ce quartier abrite l'Opéra de Vienne, l'un des chefs-d'œuvre de la ville. Il se poursuit vers le sud, au-delà du marché de Naschmarkt, paradis des gourmets, pour englober certains des Vorstädte (faubourgs intérieurs) les plus plaisants de Vienne : Margareten, Mariahilf et Wieden. On s'y rend pour jouir de leur atmosphère singulière, de leurs excellents bars, restaurants et établissements nocturnes.

Notre sélection

- ***Opéra de Vienne (p. 102)*** *Une visite guidée de cet opéra resplendissant.*
- ***Église Saint-Charles (p. 108)*** *Un ascenseur permet d'admirer les fresques de la coupole.*
- ***Pavillon de la Sécession (p. 108)*** *Œuvres des artistes de la Sécession de Vienne (*Frise Beethoven *de Klimt).*
- ***Académie des Beaux-Arts (p. 108)*** Le Jugement dernier, *triptyque stupéfiant de Bosch.*
- ***Naschmarkt (p. 115)*** *Odeurs entêtantes et alléchantes d'épices, olives, huiles, vinaigres, fromages, jambons, saucisses...*

Comment y aller et circuler

U Ce quartier est bien desservi par le métro (lignes U1, U2 et U4).

Les trams 1 et 62, qui s'arrêtent à Karlsplatz, traversent le quartier.

Plan du quartier de la Karlplatz p. 106

Incontournable

L'Opéra de Vienne

Édifié entre 1861 et 1869 par August Sicard von Sicardsburg et Eduard van der Nüll, le Staatsoper est la plus grande salle d'opéra et de ballet de Vienne. Il fut très mal accueilli par la population et l'empereur, qui le surnommèrent la "tortue de pierre". Son orchestre est passé sous la baguette des chefs les plus prestigieux, comme Gustav Mahler, Richard Strauss et Herbert von Karajan.

PLAN P. 106, G1

www.wiener-staatsoper.at

01, Opernring 2

D, 1, 2, 62, 71 Kärntner Ring/Oper,

U Karlsplatz

Visites guidées

Elles font découvrir les trésors du bâtiment, comme le foyer orné de bustes de Beethoven, Schubert et Haydn, et de fresques illustrant des opéras célèbres, ou le grand escalier surmonté de statues en marbre allégoriques, l'éblouissant salon de thé décoré à la feuille d'or 22 carats, le foyer Schwind et ses 16 toiles du peintre autrichien Moritz von Schwind sur le thème de l'opéra, et la salle Gustav Mahler aux tapisseries inspirées de *La Flûte enchantée* de Mozart.

Enfin, on peut jeter un œil des coulisses sur cette scène qui connaît plus de 300 levers de rideau par an.

Représentations

Les représentations sont somptueuses et les Viennois s'habillent en conséquence. À l'entracte, rendez-vous au foyer et au bar pour en admirer le décor en or et cristal.

Les **Billets** (☎ 01-514 44 7880 ; www.bundestheater.at ; 01, Operngasse 2 ; ⌚ 8h-18h lun-ven, 9h-12h sam et dim ; U Stephansplatz) peuvent s'acheter jusqu'à deux mois à l'avance. S'il n'a aucune représentation en juillet-août, les visites guidées sont maintenues.

Bal de l'opéra

Quelque 300 bals ont lieu en janvier et février à Vienne, mais l'**Opernball** en est le plus prestigieux (www.wiener-staatsoper.at). Organisé le jeudi précédant le mercredi des Cendres et d'une élégance extrême, il réunit des messieurs en queue-de-pie et des dames aux toilettesd'un blanc immaculé.

Vendus des années à l'avance, les billets coûtent de 315 € à... 23 600 € !

À savoir

- 2 à 3 visites guidées de 40 min, en anglais et allemand, sont proposées par jour (adulte/enfant 12/7 €).
- Les collections muséales l'Opéra sont visibles au **TheaterMuseum**, près de la Hofburg. (☎ 01-525 24 3460 ; www.theatermuseum.at ; 01, Lobkowitzplatz 2 ; adulte/enfant 12 €/gratuit, expositions incluses ; ⌚ 10h-18h mer-lun ; 🚊 D, 1, 2, 62, 71 Kärntner Ring/Oper, U Stephansplatz)

✕ Une petite pause ?

Café Tirolerhof (cafetirolerhof.at ; 01, Führichgasse 8 ; ⌚ 7h-22h lun-sam, 9h30-20h dim ; 📶 ; 🚊 D, 1, 2, 71 Kärntner Ring/Oper, U Stephansplatz, Karlsplatz). Pause café et gâteau dans un décor conservé des années 1920.

Promenade gourmande dans le Freihausviertel

Jadis peuplé d'artisans pauvres, le Freihausviertel a changé de visage : ses rues sont aujourd'hui bordées de cafés bohèmes, d'épiceries fines et d'ateliers, de galeries et de boutiques parmi les plus intéressants de Vienne. Après une matinée passée à flâner parmi les étals appétissants du Naschmarkt, poursuivez votre exploration du 4e arrondissement avec cette balade gourmande.

Circuit

Départ Sekt Comptoir (U Kettenbrückengasse)

Arrivée Fruth (U Kettenbrückengasse)

Distance et durée 1,4 km ; 2 h

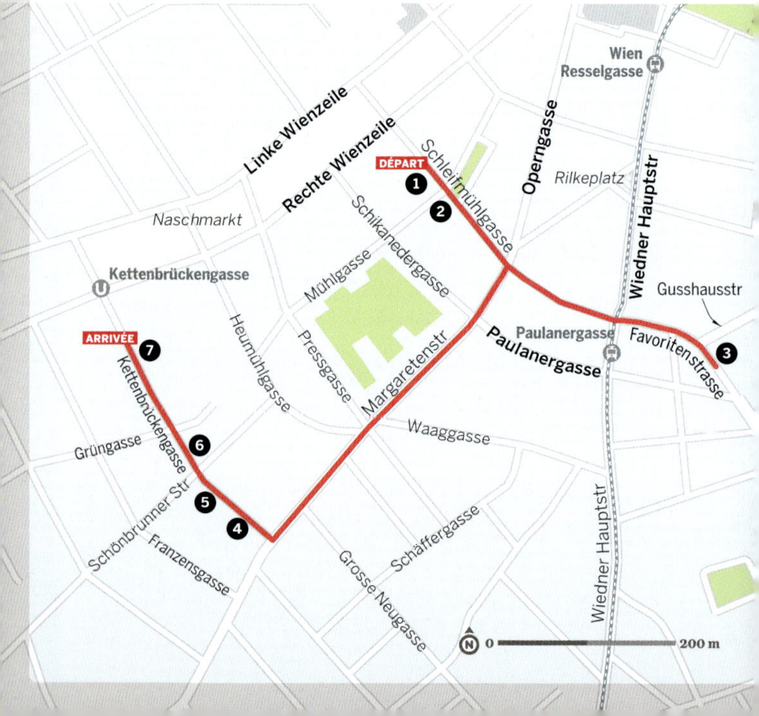

❶ Mousseux autrichien

Sekt Comptoir (www.sektcomptoir.at ; 04, Schleifmühlgasse 19 ; ⏲17h-23h mar-jeu, 15h-23h ven, 12h-23h sam). Trinquez avec un verre de *Sekt* (vin pétillant), produit dans le vignoble de l'établissement, et achetez-en quelques bouteilles.

❷ Lire et manger

Babette's (www.babettes.at ; 04, Schleifmühlgasse 17 ; ⏲10h-19h lun-ven, 10h30-17h sam sept-juil, 11h-18h lun-ven, 10h-15h sam août). Ici, on feuillette des livres de cuisine et on en goûte les recettes (de 12h à 14h30 en semaine) mitonnées dans la cuisine ouverte avec les épices maison et des produits frais du Naschmarkt.

❸ Café à la pointe

Kaffee-fabrik (www.kaffeefabrik.at ; 04, Favoritenstrasse 4-6 ; ⏲8h-18h lun-ven, 11h-17h sam). Marque de fabrique de ce café-boutique : un café à base de grains torréfiés dans le Burgenland, passé dans des machines à expresso dernière génération.

❹ Sucre et épices

Henzls Ernte (www.henzls.at ; 05, Kettenbrückengasse 3 ; ⏲13-18h mar-ven, 9h-17h sam). On voit parfois la famille Henzl occupée à sécher, moudre et mélanger avec du sel et du sucre les épices et herbes, qu'ils cultivent ou cueillent. Spécialités : sel à la prunelle, sucre à la lavande, pesto d'ail sauvage.

❺ En direct de la ferme

Helene (www.bauernladenhelene.at ; 05, Kettenbrückengasse 7 ; ⏲9h-18h mar-ven, 9h-15h sam). Vente de produits régionaux de qualité : fruits et légumes ultrafrais, fromages, viande, mais aussi pains bio de Joseph Brot von Pheinsten, miels de châtaignier, de mélèze et d'acacia, vins et gelée de piment.

❻ Fromages régionaux

Käseschatztruhe (www.kaeseschatztruhe.at ; 04, Kettenbrückengasse 10 ; ⏲10h-18h mer-ven, 9h-13h sam). Fromages autrichiens bio de petites laiteries artisanales : fromages de brebis de Froihof (Styrie), fromages de chèvre à pâte mi-dure de Ziegenliese (Burgenland) et le *Höhlentaler* (semblable à l'emmental) de Plangger (Tyrol).

❼ Divins desserts

Fruth (www.fruth.at ; 04, Kettenbrückengasse 20 ; ⏲10h-18h mar-ven, 9h-17h sam). Eduard Fruth est un pâtissier-chocolatier hors-pair. Parmi ses créations : les tartelettes à la fraise, les truffes, des éclairs délicieusement légers, des chocolats au piment, aux marrons et aux canneberges.

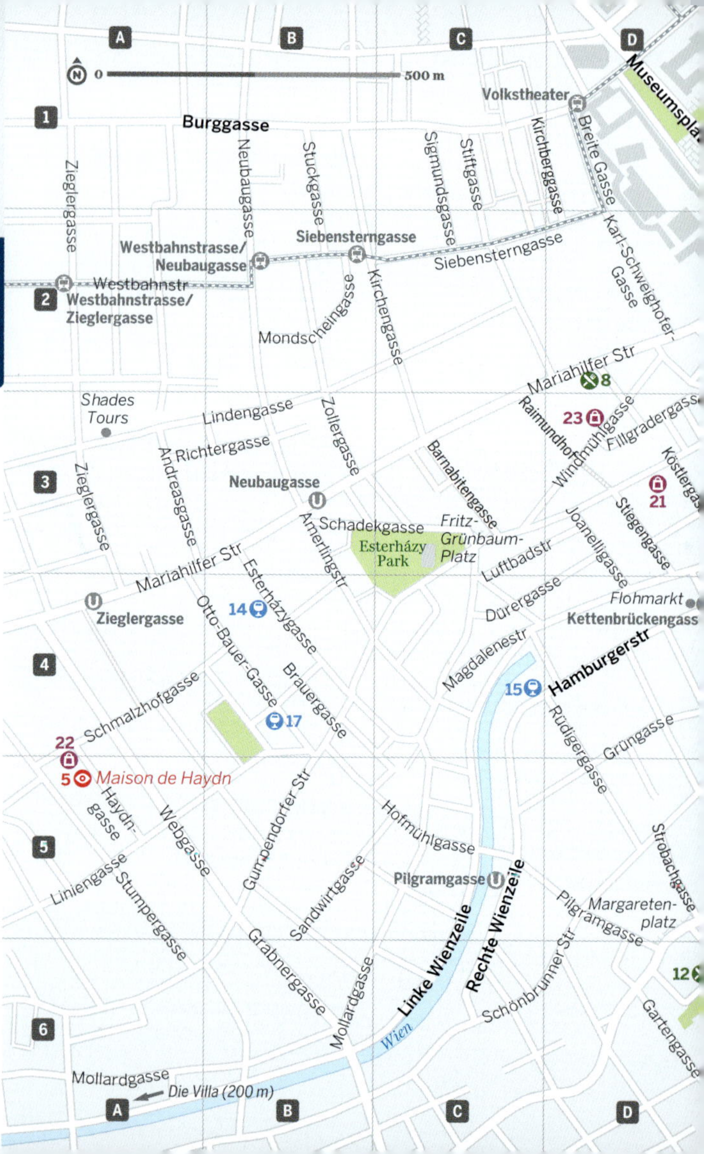
A
B
C
D
0
500 m
Volkstheater
Museumsplatz
1
Burggasse
Zieglergasse
Neubaugasse
Stuckgasse
Sigmundsgasse
Stiftgasse
Kirchberggasse
Breite Gasse
Karl-Schweighofer-Gasse
Westbahnstrasse/
Neubaugasse
Siebensterngasse
Siebensterngasse
2
Westbahnstr
Westbahnstrasse/
Zieglergasse
Mondscheingasse
Kirchengasse
Mariahilfer Str
8
Shades
Tours
Lindengasse
Zollergasse
Raimundhof
23
Windmühlgasse
Fillgradergasse
Richtergasse
Andreasgasse
Barnabitengasse
Köstlergasse
3
Zieglergasse
Neubaugasse
21
Schadekgasse
Amerlingstr
Fritz-
Grünbaum-
Platz
Esterházy
Park
Joanelligasse
Stiegengasse
Luftbadstr
Mariahilfer Str
Esterházygasse
Flohmarkt
Zieglergasse
14
Dürergasse
Kettenbrückengasse
Otto-Bauer-Gasse
Magdalenestr
Hamburgerstr
4
Brauergasse
15
Schmalzhofgasse
17
Rüdigergasse
Grüngasse
22
5
Maison de Haydn
Haydn-
gasse
Gumpendorfer Str
Webgasse
Hofmühlgasse
5
Liniengasse
Stumpergasse
Pilgramgasse
Sandwirtgasse
Rechte Wienzeile
Strobachgasse
Linke Wienzeile
Pilgramgasse
Margareten-
platz
Grabnergasse
Schönbrunner Str
12
Mollardgasse
6
Wien
Gartengasse
Mollardgasse
Die Villa (200 m)

E
F
G
H
1
2
3
4
5
6
Neue Burg
Maria-Theresien-Platz
Burggarten
Burgring
Jugendinfo
Tourist Info Wien
Johannesgasse
Annagasse
Krugerstr
Kärntner Str
Fichtegasse
Goethegasse
Philharmonikerstr
Walfischgasse
Schwarzenbergstr
Operngasse
Kärntner Ring/Oper
Mahlerstr
Opéra de Vienne
Elisabethstr
Museumsquartier
Nibelungengasse
Schillerplatz
13
Schwartzenbergstrasse
Rahlgasse
4 Académie des Beaux-Arts
Getreidemarkt
Schwarzenbergplatz
Theobaldgasse
Felixx
2 Pavillon de la Sécession
Girardipark
Karlsplatz
Friedrichstr
19
3 Pavillons du Métro
18
12
Lehárgasse
20
Treitlstr
Resselpark
Resselgasse
Karlsplatz
Stadt Wien
Girardigasse
Naschmarkt
Rechte Wienzeile
Wien Resselgasse
1 Église Saint-Charles
Mango Bar
Rilkeplatz
Paniglgasse
Karlsgasse
Café Savoy
16
6
9
Schikanedergasse
Frankenberggasse
Schwindgasse
Gusshausstr
24
Mühlgasse
Paulanergasse
Heumühlgasse
Waaggasse
Mozartgasse
Taubstummengasse
Floragasse
Franzensgasse
Margaretenstr
Schäffergasse
Favoritenstr
Argentinierstr
Wehrgasse
Grosse Neugasse
10
Krongasse
Wien Mayerhofgasse
Mayerhofgasse
Mostgasse
Schaumburgergasse
chlossplatz
Rubensgasse
Wiedner Hauptstr
Ziegelofengasse
Mittersteig
Schlossgasse
Schönburgstr
Nos adresses
Les incontournables p. 102
Voir p. 108
Se restaurer p. 109
Prendre un verre p. 111
Sortir p. 114
Shopping p. 114

Voir

Église Saint-Charles ÉGLISE

1 PLAN P. 106, H3

À l'angle sud-est du Resselpark, la **Karlskirche** est la plus belle église baroque de Vienne. Bâtie entre 1716 et 1739 suite à un vœu de Charles VI à la fin de l'épidémie de peste de 1713, elle fut dessinée et entamée par Johann Bernhard Fischer von Erlach et achevée par son fils Joseph. Un ascenseur (inclus dans le prix d'entrée) conduit au sommet de l'immense coupole ovale de 32,5 m de haut, ornée de fresques de Johann Michael Rottmayr. (www.karlskirche.at ; 04, Karlsplatz ; adulte/enfant 8 €/gratuit ; 9h-18h lun-sam, 11h-18h dim ; U Karlsplatz)

Pavillon de la Sécession MUSÉE

2 PLAN P. 106, F2

En 1897, 19 artistes rebelles, dont Gustav Klimt, Josef Hoffmann, Kolo Moser et Joseph Maria Olbrich, rompirent avec l'establishment de la Künstlerhaus pour former la Sécession viennoise (*Wiener Secession*). Olbrich conçut leur nouveau lieu d'exposition, qui allie fonctionnalité épurée et éléments stylistiques. La pièce maîtresse est la *Frise Beethoven* de Klimt et ses délicates dorures. Les visites guidées en anglais (1 h, +3 €) ont lieu à 11h le samedi. Un audioguide coûte 3 €. (www.secession.at ; 01, Friedrichstrasse 12 ; adulte/enfant 9,50 €/gratuit ; 10h-18h mar-dim ; U Karlsplatz)

Pavillons du Métro ÉDIFICES REMARQUABLES

3 PLAN P. 106, G2

Ces deux superbes exemples du Jugendstil (structure d'acier, marbre, motifs floraux, corniches dorées...) furent édifiés par Otto Wagner en 1898 alors qu'il traçait lepremier réseau de transports publics de Vienne (1893-1902). Le pavillon ouest abrite une exposition sur ses œuvres les plus célèbres : l'**église Saint-Léopold** (Kirche am Steinhof ; www.erzdioezese-wien.at ; 14, Baumgartner Höhe 1 ; visite 8 € ; 16h-17h sam, 12h-16h dim, visites 15h sam,16h dim ; 48A Otto-Wagner-Spital) et la Caisse d'épargne de la Poste (Postsparkasse, p. 63). Le pavillon est accueille le Club U (p. 114). (Stadtbahn Pavillons ; www.wienmuseum.at ; 04, Karlsplatz ; adulte/enfant 5 €/gratuit ; 10h-13h, 14h-18h mar-dim avr-oct ; U Karlsplatz)

Académie des Beaux-Arts MUSÉE

4 PLAN P. 106, F2

Fondée en 1692, l'**Akademie der Bildenden Künste**, souvent sous-estimée, abrite pourtant des œuvres de peintres classiques flamands, hollandais et allemands, dont Jérôme Bosch, Rembrandt, Van Dyck, Rubens, Titien, Francesco Guardi et Lucas Cranach l'Ancien. Le joyau des lieux est le macabre triptyque d'autel de Bosch, *Le Jugement dernier* (1504-1508), représentant l'exclusion d'Adam et Ève du paradis sur le panneau de gauche, et l'horreur de l'enfer sur les panneaux du milieu et de droite. (www.akbild.ac.at ; 01, Schillerplatz 3 ; adulte/enfant 9 €/gratuit ; audioguide 2 € 10h-18h mar-dim ; D, 1, 2 Kärntner Ring/Oper, U Museumsquartier, Karlsplatz)

Maison de Haydn

MUSÉE

5 PLAN P. 106, A5

Célèbre compositeur autrichien de la période classique, avec notamment 104 symphonies et 68 quatuors à cordes, Joseph Haydn (1732-1809) habitait à Vienne lors de l'occupation napoléonienne. Dans sa dernière résidence, une exposition retrace sa vie ici et à Londres à la fin du XVIIIe et au début du XIXe siècle. Le petit jardin a été réaménagé comme à l'époque. (www.wienmuseum.at ; 06, Haydngasse 19 ; adulte/enfant 5 €/gratuit audioguide compris, gratuit le 1er dim du mois ; 10h-13h et 14h-18h mar-dim ; U Zieglergasse)

Se restaurer

Vollpension

CAFÉ €

6 PLAN P. 106, F3

Briques blanches, meubles vintage, portraits encadrés sur les murs… Ce café est tenu par 15 *omas* (mamies) et *opas* (papis) et leurs familles, qui connaissent à eux tous plus de 200 recettes

Église Saint-Charles

de gâteaux. À midi, la carte comprend des plats comme un goulasch végan aux pommes de terre et tofu. (www.vollpension.wien ; 04, Schleifmühlgasse 16 ; plats 5,90-12,90 € ; sur place 11h-13h lun-sam, à emporter 12h-18h mer-dim ; ; U Karlsplatz)

Said the Butcher to the Cow

BURGERS €€

7 PLAN P. 106, F2

Ce restaurant branché prépare de délicieux burgers dans des pains briochés (poulet teriyaki et mayonnaise au wasabi ; crevettes géantes tigrées, pak choi ; galette de haricots noirs aux racines de lotus), des steaks grillés et des cheesecakes maison. Le soir, il se transforme en bar à gin, avec 30 variétés de gin et sept sortes de tonic. (01-535 69 69 ; www.butcher-cow.at ; 01, Opernring 11 ; burgers 11,50-32,20 €, steaks 28,50-39 € ; cuisine 16h-23h mar-sam, bar 16h-1h mar-sam ; ; D, 1, 2, 71 Kärntner Ring/Oper, U Karlsplatz)

Eis Greissler

GLACES €

8 PLAN P. 106, D2

Quel que soit le temps, on repère ce glacier à sa file d'attente. Glaces au lait, yaourt et crème bio provenant de la propre ferme d'Eis Greissler, en Basse-Autriche, pour les végans à base de lait de soja ou d'avoine. Parfums 100 % naturels et de saison : fromage de chèvre, huile de graines de

Tourisme responsable

L'étoile du tourisme continue de briller sur Vienne, avec un record de 16,5 millions de nuitées enregistrées en 2018, en partie grâce à de nouvelles liaisons aériennes, ou de grands événements comme la célébration du modernisme en 2018 et le 150e anniversaire de l'**Opéra de Vienne** (p. 102) en 2019.

Devant l'ampleur du phénomène, Vienne connaît l'essor d'acteurs du tourisme social : Magdas (www.magdas-hotel.at), une maison d'hôtes gérée par des réfugiés, **Vollpension** (p. 109), un café où des retraités confectionnent des gâteaux pour améliorer leurs revenus, **Shades Tours** (p. 23), une agence proposant des visites guidées de la ville organisées par des sans-abri, par exemple.

Unhashtag Vienna (www.unhashtag.vienna.info) encourage les voyageurs à oublier smartphones et réseaux sociaux, pour découvrir Vienne de manière plus intime. Une campagne complémentaire, **Unrating Vienna** (www.unrating.wien.info) lutte contre le diktat des évaluations en ligne, en demandant aux voyageurs : "Qui décide de ce que vous aimez ?" Ces deux initiatives ont pour but de rendre les séjours à Vienne plus gratifiants.

citrouille, cannelle, poire ou pâte d'amande. (www.eis-greissler.at ; 06, Mariahilfer Strasse 33 ; 11h-20h; fermée temporairement, la boutique devrait rouvrir au printemps 2022 avec les mêmes horaires ; U Museumsquartier)

El Burro

STREET FOOD €

9 PLAN P. 106, F3

Dans cette cantina mexicaine, on choisit la base (burritos, tacos, quésadillas, tortillas....), la garniture (poitrine de bœuf, porc émincé, patate douce, ceviche de poulpe...), la sauce (salsa, guacamole, maïs, mangue épicée...), puis la boisson (bières artisanales, limonade maison, vins...). Quelques tables à l'intérieur et d'autres en terrasse. (www.elburro.at ; 04, Margaretenstrasse 9 ; plats 10-12 € ; 11h-21h30 lun-ven, 12h-20h sam ; 1, 62 Wien Paulanergasse, U Taubstummengasse)

Entler

AUTRICHIEN €€

10 PLAN P. 106, G5

Dans le cadre traditionnel d'une cave voûtée, la cuisine propose une relecture pointue de classiques autrichiens : soupe aux truffes noires et *Bergkäse* (fromage de vache à pâte dure), médaillon de porc farci aux abricots et au jambon fumé, strudel au lièvre rôti et, côté dessert, une mousse aux noix, glace à la noisette et éclats de noisettes. (01-504 35 85 ; www.entler.at ; 04, Schlüsselgasse 2 ; plats 10,80-36,80 € ; 17h-22h mar-sam ; ; 1, 62 Mayerhofgasse)

Silberwirt

AUTRICHIEN €€

11 PLAN P. 106, D6

Ce pittoresque néo-*Beisl* sert une cuisine viennoise à base de produits essentiellement bio ou locaux. Par exemple, une salade de fromage de chèvre du Waldviertel avec noix et graines de pavot, suivie d'une truite aux pommes de terre persillées et beurre d'amande, et en dessert des *Palatschinken* (crêpes) à la confiture d'abricots maison. Jardin ombragé en été. Menu enfant. (01-544 49 07 ; www.silberwirt.at ; 05, Schlossgasse 21 ; plats 9,80-20,90 € ; cuisine 12h-22h ; ; U Pilgramgasse)

Prendre un verre

Café Sperl

CAFÉ

12 PLAN P. 106, E3

Avec son superbe décor Jugendstil, sa vaste salle, ses box cosy et son calme, le Sperl, ouvert en 1880, est un des plus beaux cafés de Vienne. Commandez une succulente *Sperl Torte*, à base de crème chocolat-amande, et un café (une trentaine de variétés), ouvrez un journal et faites comme les autres clients : observez autour de vous. Un pianiste joue en live de 15h30 à 17h30 le dimanche. (www.cafesperl.at ; 06, Gumpendorfer Strasse 11 ; 7h-22h lun-sam,

Scène LGBT+ de Vienne

Ce quartier abrite une scène gay dynamique, avec notamment le **Café Savoy** (plan p. 106, E3 ; cafe-savoy.at ; 06, Linke Wienzeile 36 ; 10h-minuit dim-ven, 9h-minuit sam ; ; Kettenbrückengasse), l'élégant **Felixx** (plan p. 106, E2 ; www.felixx-bar.at ; 06, Gumpendorfer Strasse 5 ; 18-minuit tlj ; Museumsquartier) et le sympathique **Mango Bar** (plan p. 106, E3 ; www.mangobar.at ; 06, Laimgrubengasse 3 ; 19h-min tlj ; Kettenbrückengasse).

Chaque année, l'évènement LGBT+ majeur est la **Regenbogen Parade** (Marche des fiertés ; www.viennapride.at/regenbogenparade ; mi juin). **Die Villa** (01-586 81 50 ; www.dievilla.at ; 06, Linke Wienzeile 102 ; 17h-20h lun et mer ; Pilgramgasse) est le principal centre d'info la communauté LGBT+.

10h-20h dim, fermé dim juil-août ; ; Museumsquartier, Kettenbrückengasse)

Café Schwarzenberg CAFÉ

13 PLAN P. 106, H2

Ce "grand café" viennois de 1861 est un des derniers du Ring. L'architecte sécessionniste Josef Hoffmann fut jadis client de l'établissement, qui continue de séduire une clientèle locale grâce à son décor (plafonds voûtés, lustres, murs lambrissés, tables en marbre, chaises en cuir clouté) et à son savoureux café, sa presse internationale, son *Warmer Topfenstrudel* (strudel à la crème de fromage blanc, servi tiède) et sa *Sachertorte*. (www.cafe-schwarzenberg.at ; 01, Kärntner Ring 17 ; 7h30-minuit lun-ven, 8h30-minuit sam-dim ; ; 2, 71 Schwarzenbergplatz)

Barfly's Club BAR À COCKTAILS

14 PLAN P. 106, B4

Ce bar sophistiqué est célèbre pour sa carte des cocktails et son ambiance intimiste, qui attirent une clientèle de journalistes et de comédiens : au mur, photos d'Ernest Hemingway, de Fidel Castro, de Che Guevara, de Marilyn Monroe ou du Rat Pack, dont la musique passe en fond sonore. Les boissons sont onéreuses mais comptent parmi les meilleures de la ville. (www.barflys.at ; 06, Esterházygasse 33 ; 18h-2h lun-jeu, 18h-3h ven-sam, 19h-1h dim ; Neubaugasse, Zieglergasse)

Café Rüdigerhof CAFÉ

15 PLAN P. 106, C4

Superbe façade Jugendstil, meubles et déco des années 1950 qui semble tirée d'une vieille série américaine, grande terrasse ombragée... Ici, l'atmosphère est familiale et chaleureuse, la cuisine traditionnelle et roborative (énormes *Schnitzel*, *Spätzle* aux épinards, strudel au fromage de chèvre), bien au-dessus de la moyenne. Le samedi matin, on s'y retrouve après avoir fait ses courses au Naschmarkt. (05, Hamburgerstrasse 20 ; 11h-2h ; U Kettenbrückengasse, Pilgramgasse)

Jakov's Weinkeller

BAR À VIN

16 PLAN P. 106, E3

Ici, on s'attable à des tonneaux de vin en terrasse ou s'assoit au comptoir à l'intérieur. Spécialités de ce repaire des vendeurs du Naschmarkt voisin : les vins du Burgenland, de Styrie et du Weinviertel, des rouges hongrois et des blancs italiens délicats. Commandez-les au verre avec un plateau de fromage et de charcuterie, ou choisissez des bouteilles à emporter. (04, Rechte Wienzeile 25-27 ; 11h-23h lun-sam ; U Kettenbrückengasse)

Café Jelinek

CAFÉ

17 PLAN P. 106, B4

Dépourvu du faste et de l'élégance d'autres cafés viennois, cet établissement un peu fané est néanmoins des plus typiques. Le poêle à bois, les photos au mur et les fauteuils en velours râpé en font une bulle hors du temps. Faites comme les Viennois, venez ici prendre un café, une part de gâteau, ou lire un des quotidiens mis à disposition. (www.cafejelinek.steman.at ; 06, Otto-Bauer-Gasse 5 ; 9h-22h ; ; U Zieglergasse)

Le Naschmarkt (p. 115)

Club U

CLUB

18 PLAN P. 106, G2

Ce petit bar-discothèque avec DJ sets occupe un des pavillons du Métro dessinés par Otto Wagner (p. 108). Belle terrasse avec vue sur les pavillons et le parc. *Happy hour* de 21h à 23h. (www.club-u.at ; 01, Karlsplatz ; 21h-4h ; U Karlsplatz)

Sortir

Musikverein

SALLE DE CONCERT

19 PLAN P. 106, H2

Le Musikverein, où joue l'orchestre philarmonique de Vienne, a la meilleure acoustique des salles de concert du pays. Visites guidées de 45 min, en anglais ou en allemand (adulte/-12 ans 10 €/ gratuit ; 13h mar-sam), pour en admirer le splendide intérieur. Les petites formations jouent dans la salle Brahms. Pas de tarif étudiant. (01-505 81 90 ; www.musikverein.at ; 01, Musikvereinsplatz 1 ; billets 29-155 €, places debout 8 € ; billeterie 9h-15h lun-ven, 9h-13h sam sept-juin, 9h-12h lun-ven juil-août ; U Karlsplatz)

Theater an der Wien

SALLE DE SPECTACLE

20 PLAN P. 106, H2

C'est au Theater an der Wien qu'ont été créés plusieurs opéras légendaires, dont *Fidelio* de Beethoven et *La Flûte enchantée* de Mozart. Aujourd'hui, en plus de monter des comédies musicales, des spectacles de danse et des concerts, il a renoué avec sa réputation en matière d'art lyrique. Billets étudiants 30 min avant la représentation, places debout 1 h avant. (01-588 85-111 ; www.theater-wien.at ; 06, Linke Wienzeile 6 ; billets 5-165 € ; billetterie 10h-18h lun-sam, 14h-18h dim ; U Karlsplatz)

Shopping

Beer Lovers

BOISSONS

21 PLAN P. 106, D3

Choix incroyable de bières (plus de 1 000, de plus de 125 brasseries et 70 styles différents). Des dégustations sont régulièrement organisées et les bières sont vendues à la bouteille (dans un immense frigo) ou dans des chopes réutilisables. On trouve aussi des cidres, des liqueurs et des boissons sans alcool. (www.beerlovers.at ; 06, Gumpendorfer Strasse 35 ; 11h-20h lun-ven, 10h-17h sam ; U Kettenbrückengasse)

Blühendes Konfekt

CONFISERIE

22 PLAN P. 106, A5

Violettes, fraises des bois, fleurs de cerisier, menthe et origan : avec des plantes sauvages ou cultivées dans son jardin, Michael Diewald crée des confiseries gorgées de saveurs. Dans l'atelier, assistez à la transformation de fleurs et d'herbes aromatiques en bonbons et mini-bouquets pareils à de petites œuvres gustatives.

Le Naschmarkt

Ce célèbre **marché** (plan p. 106, F3 ; www.wien.gv.at ; 06, Linke & Rechte Wienzeile ; 6h-19h30 lun-ven, 6h-17h sam ; ; U Karlsplatz, Kettenbrückengasse) de Vienne remonte au XVIIIe siècle, lorsque le marché aux fruits de Freyung fut déplacé ici. Une loi promulguée en 1793 stipulait que les fruits et légumes arrivant en ville par charrette devaient être vendus au Naschmarkt, tandis que tout ce qui était acheminé par bateau pouvait être vendu sur les quais.

Les produits orientaux affluèrent, on vit s'ériger les ancêtres des stands de saucisses et des sections furent réservées au charbon, au bois, aux machines et outils agricoles. Le marché prit officiellement le nom de Naschmarkt ("marché de bouche") en 1905. Otto Wagner avait alors en partie recouvert la rivière Vienne d'un "sarcophage" en pierre et béton, une réalisation controversée qui permit toutefois au Naschmarkt de s'étendre. En 1965, la destruction de cette couverture fut envisagée puis abandonnée, et aujourd'hui le Naschmarkt est un passage obligé, pour faire ses courses mais aussi pour le **marché aux puces du samedi** (Flohmarkt ; plan p. 106, D4 ; 05, Linke Wienzeile ; 6h30-14h sam ; U Kettenbrückengasse).

Espèces uniquement. (0660 341 1985 ; www.bluehendes-konfekt.com ; 06, Schmalzhofgasse 19 ; 10h-18h30 mer-ven, sur rendez-vous lun-mar ; U Zieglergasse, Westbahnhof)

Teuchtler Records — MUSIQUE

23 PLAN P. 106, D3

Les cinéphiles reconnaîtront Teuchtler Records, qui apparaît dans *Before Sunrise* (1995) de Richard Linklater. L'affiche du film est d'ailleurs au-dessus de la caisse. Avec ses portraits dédicacés des grands noms du jazz, ses posters de groupes punk-rock et ses vieux gramophones, c'est la caverne d'Ali Baba de la musique, des Beatles aux enregistrements d'opéra les plus rares. (01-586 21 33 ; facebook/teuchtler.recordshopvienna/ ; Windmühlgasse 10 ; 13h-18h lun-ven, 10h-13h sam ; U Neubaugasse)

Gabarage Upcycling Design — OBJETS DESIGN

24 PLAN P. 106, F4

Un lieu axé sur le recyclage, l'écologie et l'économie solidaire. Les quilles de bowling deviennent des vases, les poubelles renaissent sous forme de tables et de chaises, les bâches publicitaires sont transformées en sacs et les feux tricolores en lampes. (www.gabarage.at ; 04, Schleifmühlgasse 6 ; 8h30-16h30 lun-jeu, 8h30-14h ven ; U Taubstummengasse)

BAROCK

Explorer

Du palais du Belvédère au canal

Ce pan de la capitale, où l'art est omniprésent, a pour fleuron le Belvédère et ses jardins. D'autres sites attirent les visiteurs dans ce quartier, notamment le Kunst Haus Wien, multicolore, ou le musée de l'Histoire militaire. Entre deux visites, des cafés et restaurants excellents rendent les pauses agréables.

Notre sélection

- ***Palais et jardins du Belvédère (p. 118)***
Des appartements aux fresques à couper le souffle, des jardins constellés de sculptures et l'écrin du plus beau des baisers, celui de Klimt.
- ***Belvedere 21 (p. 123)*** *Un regard sur l'art contemporain, avec une attention à l'art autrichien.*
- ***Musée de l'Histoire militaire (p. 128)***
Une autre facette de l'histoire de Vienne, où la guerre et ses drames sont omniprésents.
- ***Musée des Arts appliqués – MAK (p. 128)***
Un voyage à rebours jusqu'au début du modernisme.
- ***Kunst Haus Wien (p. 129)*** *Sols irréguliers, mosaïques et couleurs hallucinantes : l'architecture étonnante de Hundertwasser.*

Comment y aller et circuler

U Les stations Taubstummengasse et Südtiroler Platz (ligne U1) sont proches du palais du Belvédère.

Le tram est le moyen le plus pratique d'accès au 3e arrondissement : la ligne 2 fait le tour du Ring (MAK, Stadtpark), la ligne 1 dessert la Radetzkyplatz (sites Hundertwasser).

Plan du palais du Belvédère au canal p. 126

Musée des Arts appliqués (p. 128) VVOE/SHUTTERSTOCK ©

Incontournable

Le palais et les jardins du Belvédère

Chef-d'œuvre d'art total, le Schloss Belvedere est un des plus beaux palais baroques au monde. Conçu par Johann Lukas von Hildebrandt (1668-1745), il fut construit comme résidence d'été d'Eugène de Savoie, vainqueur des Turcs en 1718. Le prince avait grandi à la cour de Louis XIV, et cela se voit : ce château est le Versailles viennois.

PLAN P. 126, C6

www.belvedere.at

Sur place : adulte/enfant Belvédère supérieur 18 €/gratuit, inférieur 16 €/gratuit

9h-18h tlj ; D, 71 Schwarzenbergplatz

U Taubstummengasse

Belvédère supérieur

Bâti entre 1717 et 1723, l'**Oberes Belvedere** (03, Prinz-Eugen-Strasse 27) s'élève au-dessus des jardins et profite d'une vue imprenable sur la ville de Vienne, dont il est un haut lieu immanquable. Dans ses salles, toutes de marbre, fresques et stuc, est exposée une collection d'art qui reflète l'opulence et les goûts des empereurs habsbourgeois.

Le rez-de-chaussée, grandiose, s'ouvre sur la **Sala Terrena**, où quatre grands Atlas soutiennent une voûte aux stucs délicats. L'art médiéval est réparti de manière chronologique dans quatre salles aux fresques superbes. Parmi les sculptures gothiques et retables présentés, dont la plupart proviennent d'abbayes et de monastères autrichiens, se distingue le groupe de statues du maître de Grosslobming, remarquables de fluidité et d'expressivité. Il en est ainsi de son *Saint Georges terrassant le dragon* (1395), dont le personnage principal, privé de visage, domine une bête réduite à la passivité. Citons aussi un polyptyque, l'*Albrechtsaltar* (1435) de Joachim, un des exemples majeurs du réalisme gothique, et l'autel de Znaim (1445), chef-d'œuvre de piété, tout en dorures, représentant la Passion du Christ.

L'art moderne et l'entre-deux-guerres font la part belle à l'expressionnisme autrichien. Le portrait, réalisé par Oskar Kokoschka, du peintre de la Sécession *Carl Moll* (1913) mérite que l'on s'y arrête. Egon Schiele est aussi présent avec des œuvres envoûtantes comme *La Jeune Fille et la Mort* (1915), ou son portrait du jeune *Herbert Rainer* (1910), alors âgé de six ans. À voir également, une *Nef des fous* (1923) détaillée d'Oskar Laske, et *L'Orchestre* (1935) de Max Oppenheimer, tableau où Gustav Mahler tient la baguette.

Au 1er étage, la section **Vienne 1880-1914** consacre une salle entière aux tableaux de Klimt, dont *Judith et Holopherne* (1901),

★ À savoir

- La billetterie en ligne fait gagner temps et argent (15,90/13,90 €).
- Détail des visites guidées et des expositions à venir sur le site Internet.
- Arriver à l'ouverture du palais pour échapper aux files d'attente (pics de fréquentation aux heures d'affluence l'été).

Une petite pause ?

15 SüsseMinuten
(☎ 0664 4729 060 ; www.15suesseminuten.at ; 04, Favoritenstrasse 45 ; petit-déjeuner 5,20-25 €, plats 10-18 € ; 8h-16h lun-ven, 8h-19h sam-dim ; U Hauptbahnhof). Une part de gâteau, un café corsé ou un déjeuner léger à seulement 5 min à pied.

Salomé (1909), *Adam et Ève* (1917) et *Le Baiser* (1908). À voir également, des œuvres du symboliste allemand Max Klinger (1857-1920), des portraits réalisés par le sécessionniste Koloman Moser ou l'expressionniste norvégien Edvard Munch.

Au centre du palais, la **salle des Marbres** (*Marmorsaal*) déploie sous des lustres marbre, stucs et trompe-l'œil ; au plafond, une fresque (1721-1723) de Carlo Innocenzo Carlone à la gloire du prince Eugène. La **section art baroque et début du XIXe siècle** expose des toiles de maîtres autrichiens, dont les célèbres *Suzanne et les Vieillards* (1692) de Johann Michael Rottmayr, ou le *Christ sur le mont des Oliviers* et son clair-obscur, de Paul Troger (1750).

La section **néoclassicisme, romantisme et art Biedermeier** compte des œuvres remarquables comme un lumineux *Matin de la Fête-Dieu* (1857), de Ferdinand Georg Waldmüller, des garçons espiègles et des jeunes filles en robe du dimanche pris sur le vif. *Bonaparte franchissant le Grand-Saint-Bernard* (1801) de Jacques-Louis David et le portrait *du Comte Moritz Christian von Fries et sa Famille* (1804), de François Gérard, sont représentatifs du formalisme néoclassique. La mélancolie des paysages de Caspar David Friedrich, peintre allemand du XIXe siècle, est le clou de la période romantique.

Les maîtres français et leurs contemporains autrichiens et allemands se partagent la vedette dans la section **réalisme et impressionnisme**. Y figurent

Palais et jardins du Belvédère

Adele Bloch-Bauer

Après l'*Anschluss* (1938), les nazis s'emparèrent des biens des Bloch-Bauer, une famille juive fortunée. Leur collection comptait entre autres cinq Klimt, dont le *Portrait d'Adele Bloch-Bauer I* (1907). Ces tableaux furent exposés dans le Belvédère supérieur jusqu'en 2006, lorsque, sur décision de la Cour suprême des États-Unis et accord avec le gouvernement autrichien, ils furent restitués à leur héritière légitime, Maria Altmann. Celle-ci vendit par la suite le portrait à la Neue Galerie de New York. Le film *La Femme au tableau* (2015), avec Helen Mirren, est adapté de cette affaire.

l'huile sur toile de Renoir *Après le bain* (1876), *L'Allée dans le jardin* (1902) de Monet et *Champ de blé près d'Auvers* (1890) de Van Gogh, reconnaissable à son ciel moutonné. Le serein *Dame à l'aquarium* (1911) de Lovis Corinth et *Chasseur dans les dunes* (1913) de Max Liebermann témoignent de ce que l'impressionnisme allemand n'était pas en reste.

Jardins

Le nom de *Belvedere* ("belle vue") prend tout son sens dans le **jardin** à la française reliant les palais supérieur et inférieur. Il fut aménagé vers 1700 par Dominique Girard, élève du paysagiste de Versailles André Le Nôtre. Distribuées le long d'un **axe central**, ses pentes douces ouvrent sur une vue dégagée de la capitale, avec, à l'horizon, la cathédrale Saint-Étienne et la Hofburg.

Le jardin, qui compte trois paliers, est bordé de haies de buis et jalonné de parterres ornementaux. En vous approchant de la **cascade inférieure**, reconnaissable à ses naïades, guettez les statues gréco-romaines : ces huit muses et ces amours représentent les 12 mois de l'année. Des animaux mythologiques crachent de l'eau dans la **cascade supérieure**, qui dévale cinq niveaux jusqu'à un bassin en contrebas. Symboles d'autorité, des sphinx ailés gardent l'entrée du Belvédère supérieur.

Au sud du Belvédère supérieur, se trouve le **jardin alpin** (www.bundesgaerten.at ; adulte/enfant 4/3 € ; 🕙10h-18h fin mars à début août ; 🚋D, O Quartier Belvedere, Ⓤ Hauptbahnhof), un conservatoire de plantes menacées. C'est entre le printemps et l'été, lorsque les clématites, les rhododendrons, les roses et les pivoines sont en fleurs, que les senteurs sont les plus vives. Au nord, les **jardins botaniques** (voir "Échappée verte", p. 125), plus grands, appartiennent à l'université de Vienne : on y trouve des serres tropicales et 11 500 espèces de plantes, dont des bambous nains chinois et des pins japonais à queue de vache.

Belvédère inférieur

Construit entre 1712 et 1716, le baroque **Unteres Belvedere** (03, Rennweg 6) est une suite d'appartements officiels et de salles de réception. Dédiée à Eugène de Savoie, la plus somptueuse est la **salle des Marbres**, avec ses trophées, son marbre rouge, ses médaillons et son plafond peint par Martino Altomonte, où le prince est représenté avec Apollon, entouré de muses. Les sculptures, au centre de la pièce, proviennent de la **fontaine** (XVIIIe siècle) de Georg Raphael Donner, sur la Neuer Markt. Elles comprennent notamment une *Providentia* tenant un serpent avec, à ses pieds, quatre amours luttant chacun contre un poisson, allégories des affluents du Danube (Donau).

La **salle des Grotesques** illustre le style fantasque cher au baroque finissant (décor de feuillage, fruits, oiseaux, créatures mythologiques...). Lui succède la **galerie de Marbre**, une frivolité en stuc blanc et marbre, avec incrustations d'amours et de trophées de guerre. À l'origine, les niches abritaient trois statues classiques mises au jour à Herculanum (aujourd'hui à Dresde) : le sculpteur baroque Domenico Parodito s'en inspira pour réaliser celles, néoclassiques, qui les ont remplacées. Le **Cabinet doré** (*Goldkabinett*) adjacent renvoie au règne de l'impératrice Marie-Thérèse.

Intérieur du palais du Belvédère

Des expositions temporaires sont organisées dans l'**Orangerie**, où une passerelle surplombe le jardin privé du prince Eugène. À côté, dans la **Prunkstall**, les anciennes écuries royales, sont exposées quelque 150 œuvres d'art médiéval autrichien, dont des scènes religieuses et des triptyques gothiques.

Belvedere 21

Le **pavillon de l'Autriche** en verre et acier, conçu par Karl Schwanzer pour l'Exposition universelle de 1958 à Bruxelles, a repris vie en 2011 sous le nom de **Belvedere 21** (www.belvedere.at ; 03, Arsenalstrasse 1 ; adulte en ligne/sur place 8,90/10,50 €, enfant gratuit ; 11h-18h mar-dim ; 0, 1, 18 Fasangasse, U Hauptbahnhof). Il abrite des expositions dédiées à l'art (autrichien surtout) des XXe et XXIe siècles. La sobriété des lignes caractéristique d'Adolf Krischanitz se retrouve dans le musée en plein air du **Schweizergarten**, au sud du Belvédère supérieur.

Parmi la collection permanente de ce musée, qui organise des résidences d'artiste et des expositions temporaires d'art contemporain, les sculptures de l'artiste viennois **Fritz Wotruba** (1907–1975) déconstruisent l'apparence humaine en une série de formes géométriques abstraites qui évoquent fortement le cubisme.

Billets combinés

Acheter les billets en ligne (à imprimer) fait gagner du temps, mais ils ne sont ni échangeables, ni remboursables. Plusieurs billets combinés existent : Belvédère supérieur et inférieur (adulte sur place 26 €), avec le Belvedere 21 (adulte sur place 29 €), valables pendant deux semaines.

Visites guidées

Des audioguides en français sont disponibles, au prix de 5 € au Belvédère supérieur et de 4 € au Belvédère inférieur contre une pièce d'identité en caution. Des visites thématiques d'une heure en allemand (programme en ligne) mettent en lumière une période ou un artiste (www.belvedere.at ; 03, Arsenalstrasse 1 ; adulte/enfant 8,90/gratuit € ; horaires variables, en général 15h ou 16h sam, visite supplémentaire 10h30 dim).

Échappée verte

Cette flânerie est un grand bol d'air frais. Elle débute dans un marché et, après une pause-café, vous fait passer devant quelques-uns des monuments les plus audacieux de Vienne, avant de longer le canal du Danube (Donaukanal), bordé d'espaces verts. L'itinéraire croise d'autres parcs, comme le Stadtpark et les jardins botaniques.

Circuit

Départ Rochusmarkt (U Rochusgasse)

Arrivée Jardins botaniques (🚋 0, 1, 71 Rennweg)

Distance et durée
4,6 km ; 1h30 à 4 h

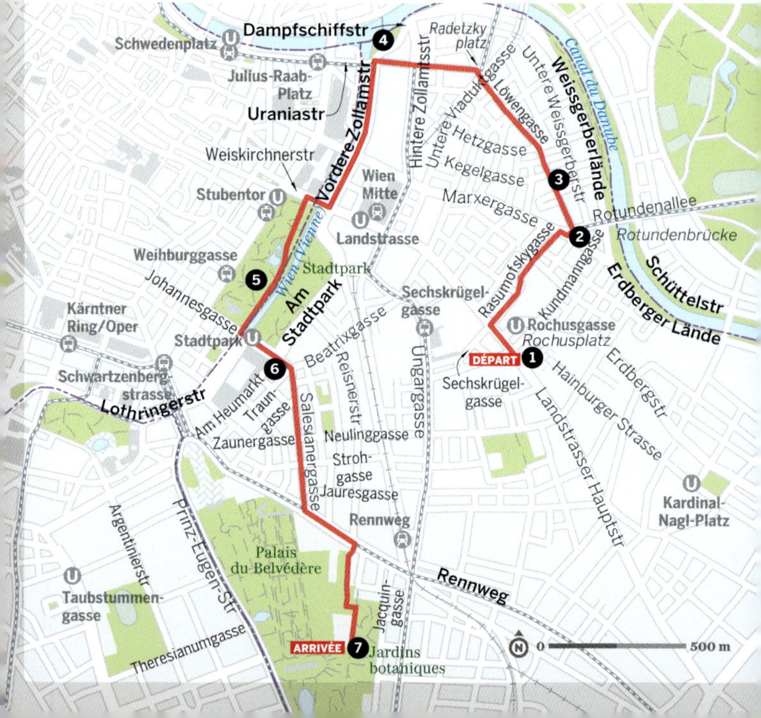

❶ Marché

Rochusmarkt (03, Landstrasser Hauptstrasse ; 6h-19h30 lun-ven, 6h-17h sam). Olives, fleurs, viande et fromage de la ferme garnissent les étals, sur une place où se dressent quelques cafés, snacks et boulangeries.

❷ Pause-café

Café Zartl (03, Rasumofskygasse 7 ; 7h-22h ; ; 1 Rasumofskygasse). Avec ses banquettes rayées, son atmosphère douillette et un délicieux strudel feuilleté, ce café à la beauté surannée vous ramènera à l'époque de son ouverture, en 1883.

❸ Architecture radicale

Entre lignes sinueuses, couleurs vives et mosaïques, la **maison Hundertwasser** (Hundertwasserhaus, 03, angle Löwengasse et Kegelgasse) est un immeuble résidentiel fort de tous les signes distinctifs de l'excentrique architecte viennois dont il tient son nom. De l'autre côté de la rue, le Kalke Village est une autre de ses œuvres : aménagé dans une ancienne usine Michelin, cet ensemble, tout en courbes et céramiques, comprend cafés et boutiques.

❹ Bar de plage

Transats, sable, rythmes électro et hordes de fêtards les soirs d'été : le canal prend des airs de plage au **Strandbar Herrmann** (p. 132). Deux cocktails pour le prix d'un pendant la *happy hour* (de 18h à 19h). Le bar donne dans le Herrmannpark, qui doit son nom à l'inventeur de la carte postale, Emanuel Herrmann (1839-1902).

❺ Îlot de verdure

Ouvert en 1862, le **Stadtpark** (parc municipal ; entrée libre) est une oasis de verdure aux allées sinueuses et pièces d'eau bordées de saules, où flâner, nourrir les canards ou se détendre au soleil. Les travailleurs de l'Innere Stadt s'y reposent à l'heure du déjeuner. Le parc enjambe la Vienne, qui se jette dans le canal du Danube.

❻ Café caché

Café am Heumarkt (03, Am Heumarkt 15 ; 9h-23h lun-ven). Café à l'ancienne dépourvu d'enseigne : il faut donc en guetter non pas le nom mais le numéro. Avec son parquet brillant, ses banquettes en cuir et ses tables en marbre, l'intérieur évoque les années 1950.

❼ Jardins botaniques

Botanischer gardens (botanischergartens.univie.ac.at ; 03, Mechelgasse 2 ; gratuit ; 10h-18h avr-sept, 10-17h fév., mars et oct ; 0, 1, 71 Rennweg). Serres tropicales et plus de 11 500 essences des cinq continents (voir p. 121).

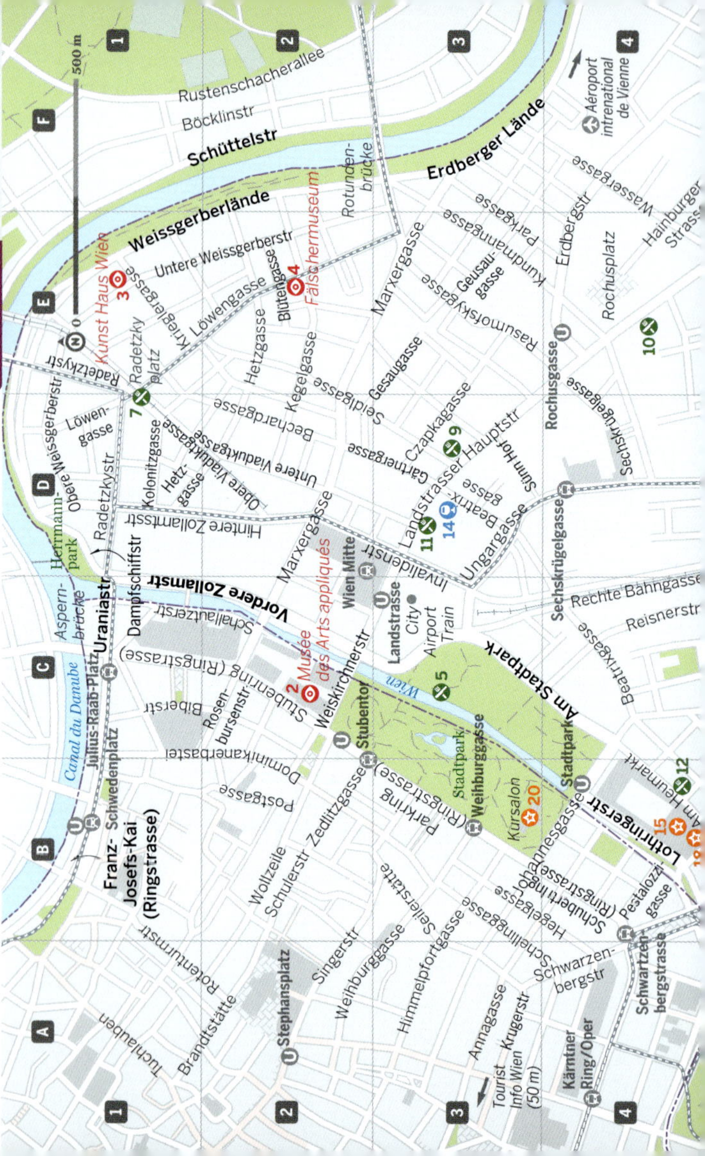
A
B
C
D
E
F
1
2
3
4
500 m
0
Canal du Danube
Schüttelstr
Rustenschacherallee
Böcklinstr
Weissgerberlände
Erdberger Lände
Untere Weissgerberstr
Obere Weissgerberstr
Herrmann-park
Aspern-brücke
Rotunden-brücke
Kunst Haus Wien
3
Fälschermuseum
4
Musée des Arts appliqués
2
Radetzky platz
7
Radetzkystr
Löwengasse
Kegelgasse
Hetzgasse
Blütengasse
Kolonitzgasse
Krieglergasse
Untere Viaduktgasse
Obere Viaduktgasse
Hintere Zollamtsstr
Vordere Zollamtstr
Dampfschiffstr
Uraniastr
Julius-Raab-Platz
Schwedenplatz
Franz-Josefs-Kai (Ringstrasse)
Stubenring (Ringstrasse)
Schallautzerstr
Biberstr
Rosen-bursenstr
Dominikanerbastei
Postgasse
Wollzeile
Schulerstr
Zedlitzgasse
Weiskirchnerstr
Stubentor
Stephansplatz
Rotenturmstr
Brandstätte
Tuchlauben
Singerstr
Weihburggasse
Seilerstätte
Himmelpfortgasse
Annagasse
Krugerstr
Tourist Info Wien (50 m)
Kärntner Ring/Oper
Schwarzenbergstrasse
Schwarzen-bergstr
Schellinggasse
Hegelgasse
Schubertring (Ringstrasse)
Johannesgasse
Pestalozzi-gasse
Lothringerstr
Am Heumarkt
15
12
Kursalon
20
Stadtpark
Weihburggasse
Parkring (Ringstrasse)
Wien
5
Am Stadtpark
Landstrasse
City Airport Train
Wien Mitte
Invalidenstr
Marxergasse
Bechardgasse
Seidlgasse
Gesaugasse
Gärtnergasse
Czapkagasse
9
Landstrasser Hauptstr
11
14
Beatrix-gasse
Ungargasse
Sünn Hof
Rechte Bahngasse
Reisnerstr
Beatrixgasse
Sechskrügelgasse
Rochusgasse
Rochusplatz
Rasumofskygasse
Geusau-gasse
Kundmanngasse
Parkgasse
Erdbergstr
Wassergasse
Hainburger Strasse
10
Aéroport international de Vienne

Nos adresses
Les incontournables p. 118
Voir p. 128
Se restaurer p. 130
Prendre un verre p. 133
Sortir p. 134
Palais et jardins du Belvédère
Belvédère inférieur
Belvédère supérieur
Jardins du Belvédère
Jardins botaniques
Jardin alpin
Musée de l'Histoire militaire (1 km)
Landstrasser Gürtel
Wiedner Gürtel
Prinz-Eugen-Str
Rennweg
Obere Bahngasse
Linke Bahngasse
Landstrasser Hauptstr
Favoritenstr
Argentinierstr
Taubstummengasse
Karlsplatz
Schwarzenbergplatz
Fasangasse
Jacquingasse
Ungargasse
Aspangstr
Ghegastr
Mommsengasse
Belvederegasse
Theresianumgasse
Goldeggasse
Weyringergasse
Wohllebengasse
Schwindgasse
Gusshausstr
Mattiellistr
Zaunergasse
Neulinggasse
Salesianergasse
Marokkanergasse
Metternichgasse
Strohgasse
Jauresgasse
Barichgasse
Juchgasse
Stanislaugasse
Schützengasse
Boerhaavegasse
Barmherzgengasse
Esiarngasse
Steingasse
Oberzellergasse
Baumgasse
Apostelgasse
Messenhausgasse
Gerlgasse
Hegergasse
Kölblgasse
Hohlweggasse
Mohsgasse
Kärchergasse
A-Blamaur-Gasse
A B C D E F
5 6 7 8
1 6 8 13 16 17 19

Voir

Musée de l'Histoire militaire MUSÉE

1 PLAN P. 126, D8

Le **Heeresgeschichtliches Museum** est logé dans l'Arsenal, une caserne et un dépôt de munitions néo-byzantins. Il couvre une période allant de la guerre de Trente Ans (1618-1648) à la Seconde Guerre mondiale, avec notamment le soulèvement hongrois et la guerre austro-prussienne (1866), les guerres napoléoniennes et turques, la Première Guerre mondiale. Au 1er étage, remarquer le Grand Sceau de Mustafa II, qui échut au prince Eugène de Savoie après sa victoire à Zenta en 1697. (www.hgm.at ; 03, Arsenal ; adulte/- 19 ans 7 €/gratuit, entrée libre 1er dim du mois ; 9h-17h tlj ; U Südtiroler Platz)

Musée des Arts appliqués MUSÉE

2 PLAN P. 126, C2

À chaque salle d'exposition du **Museum für Angewandte Kunst (MAK)** correspond un style différent (Renaissance, baroque, orientalisme, historicisme, Empire, Art déco, *Wiener Werkstätte*...). Des artistes contemporains furent invités à aménager ces salles. En résultent des présentations d'œuvres attrayantes et uniques en leur genre. La salle sur le design et l'architecture du XXe siècle est passionnante, la chaise en carton de Frank

Musée de l'Histoire militaire

"En bout de ligne" : le cimetière central de Vienne

Les Viennois usent d'une métaphore ("*Er hat den 71er genommen*" – "Il a pris le n° 71") pour évoquer le "dernier voyage", au **Zentralfriedhof** (www.friedhoefewien.at ; 11, Simmeringer Hauptstrasse 232-244 ; 7h-20h, horaires réduits en hiver ; 6, 71 Zentralfriedhof). Ce cimetière immense (2,4 km², plus de 3 millions de défunts) est un des plus vastes d'Europe. Ici, les riches et les pauvres, les bouddhistes et les juifs, les catholiques et les protestants reposent côte à côte pour l'éternité, à l'abri des frênes et des érables. Avec ses allées arborées et ses monuments envahis par la végétation, il se prête à de paisibles flâneries.

Le point information et le plan du cimetière sont situés Porte 2. Juste après se dressent les **Ehrengräber** (tombes d'honneur) : non loin des grands compositeurs comme Beethoven, Brahms, Johann Strauss père et fils, Schubert, reposent l'artiste Hans Makart, le sculpteur Fritz Wotruba, l'architecte Adolf Loos et l'icône pop des années 1980, Falco, par exemple. Si Mozart a un monument ici, il est enterré dans une tombe anonyme au **St Marxer Friedhof** (cimetière Saint-Marc ; www.friedhoefewien.at ; 03, Leberstrasse 6-8 ; 6h30-20h avr-sept, 6h30-18h30 oct-mars ; U Zippererstrasse).

Gehry y a rang de pépite. (www.mak.at ; 01, Stubenring 5 ; adulte/enfant 15 €/gratuit, 18h-21h mar 7 €, visites guidées 3,50 € ; 10h-18h mer-dim, 10h-21h mar, visites en anglais 12h dim ; 2 Stubentor, U Stubentor).

Kunst Haus Wien

MUSÉE

3 PLAN P. 126, E1

La "Maison de l'art" porte la signature inimitable de l'artiste viennois excentrique et militant écologiste Friedensreich Hundertwasser (1928-2000), avec ses céramiques saillantes, ses surfaces courbes, sa façade en damier, ses mosaïques multicolores et son toit végétalisé. Les deux derniers étages de ce "musée vert" accueille des expositions temporaires (arts visuels) souvent captivantes. (712 04 91 ; www.kunsthauswien.com ; 03, Untere Weissgerberstrasse 13 ; tarif adulte/enfant 11 €/gratuit ; 10h-18h tlj ; 0, 1 Radetzkyplatz)

Fälschermuseum

ART DU FAUX

4 PLAN P. 126, E2

Des tableaux inédits de Schiele, Raphaël, Rembrandt et Marc Chagall ? Normal, ce sont tous des faux. Ce minuscule musée privé (qui pousse le vice jusqu'à usurper

Klimt à Vienne

Gustav Klimt (1862-1918) fut le chef de file du Jugendstil (Art nouveau) viennois. Singulières et sensuelles, ses œuvres scandalisèrent l'establishment artistique rigide de la Vienne fin de siècle, et leur puissance évocatrice demeure intacte.

Judith et Holopherne (1901 ; Belvédère supérieur)
Cette œuvre envoûtante évoque une héroïne de l'Ancien Testament, Judith, une riche veuve qui séduisit Holopherne avant de le décapiter (on aperçoit sa tête en bas à droite du tableau). L'emploi de la feuille d'or et la mosaïque de détails est caractéristique du Cycle d'Or, période inspirée de l'art byzantin, que Klimt avait découvert à la faveur d'un voyage à Venise.

Le Baiser (1908 ; Belvédère supérieur)
Sur un parterre de fleurs, un couple s'étreint, enveloppé dans de riches étoffes. À contempler cette pluie de feuilles d'or et ces motifs travaillés sur un arrière-plan étoilé, on croirait voir les amants sortir de la toile, emprunts d'onirisme et de béatitude.

Adam et Ève (1918 ; Belvédère supérieur)
Le 6 février 1918, Klimt mourut d'une attaque alors qu'il était en train de travailler à cette évocation biblique. Adam y est à la fois en surplomb et effacé, à l'arrière-plan, tandis qu'Ève s'expose nue, des anémones éparpillées à ses pieds.

un peu le titre de musée – il s'agit davantage d'une galerie ; des œuvres sont à vendre) ouvre une fenêtre fascinante sur le monde des faussaires et le destin romanesque de certains d'entre eux, Han van Meegeren, le "faux Vermeer", et Elmyr de Hory, auquel Orson Welles consacra un film. (www.faelschermuseum.com ; 03, Löwengasse 28 ; tarif adulte/enfant 6,50 €/gratuit ; mar-sam 10h-16h, dim 10h-17h ; 1 Hetzgasse)

Se restaurer

Steirereck im Stadtpark

GASTRONOMIE €€€

5 PLAN P. 126, C3

Le restaurant, deux fois étoilé au Michelin, est installé au milieu du Stadtpark, dans une ancienne laiterie du XXe siècle qui a été réhabilitée avec goût. Les menus dégustation tiennent du florilège de saveurs, à l'aune de l'exigence de son chef, Heinz Reitbauer. Comptez 95/105 € pour une sélection de vins accordée à votre menu. (01-713 31 68 ; www.steirereck.at ; 03, Am Heumarkt 2a ; plats 38-58 €, menu 6/7 plats 165/185 € ; 11h30-14h30 et 18h30-minuit lun-ven ; U Stadtpark).

Meierei imStadtpark

AUTRICHIEN €€

Dans le même bâtiment que le précédent (voir 5 plan p. 126, C3), le Meierei est connu pour son goulasch, servi avec de crémeux raviolis aux câpres et citron, et son plateau de 120 fromages. Servi jusqu'à midi, petit-déjeuner copieux et gastronomique : œuf de cane poché aux champignons des bois et à la citrouille, gaufres de maïs avec salade de tomates tièdes et fromage de brebis, par exemple. (01-713 31 68 ; www.steirereck.at ; plats 15-29 €, petit-déj 21,90-25,90 € ; 8h-23h lun-ven, 9h-19h sam ; U Stadtpark).

Café Goldegg

CAFÉ €

6 PLAN P. 126, B8

Avec ses box habillés de velours vert, ses lambris, ses tables de billard et sa patine Art nouveau, ce café est dans le plus pur style viennois. Sa carte comprend des classiques, comme le goulasch, mais aussi des plats plus légers, à l'exemple des sandwichs grillés au pesto de basilic maison ou des currys de légumes ayurvédiques. Personnel attentionné. (www.cafegoldegg.at ; 04, Argentinierstrasse 49 ; en-cas 4,30-10,90 €, plats 12,90-15 € ; 8h-20h lun-ven, 9h-20h sam, 9h-19h dim ; ; U Südtiroler Platz).

Garage 01

INTERNATIONAL €

7 PLAN P. 126, D1

Ce bar-restaurant lové sous les arcades du viaduc ferroviaire, mise sur une décoration au décrépi élégant, avec murs bruts en brique et chaises en bois courbé. Pour y manger un morceau – tapas, risotto d'asperges, petits pois et ail sauvage, ou plats-de-côtes au wasabi et aux pleurotes géantes – ou boire un cocktail. Concerts occasionnels. (01-308 45 03 ; 03, Radetzkyplatz 5 ; plats 11-20 € ; 12h-minuit mar-mer, 12h-2h jeu-sam ; 0, 1 Radetzkyplatz)

Das Lokal in Hof

INTERNATIONAL €

8 PLAN P. 126, B8

Niché dans la cour d'une ancienne crèmerie, ce café-restaurant se distingue par son intérieur épuré et sa cuisine ouverte. Les propriétaires gèrent le lieu avec amour et imagination, et servent une cuisine honnête, généreuse et délicieuse (gnocchis aux asperges et roquette, parmesan et noix de cajou, truite arc-en-ciel aux blettes et pop-corn aux câpres...). (01-971 91 41 ; www.daslokal.at ; 04, Viktorgasse 22 ; déj 9-13,50 €, menu 4 plats 39 € ; 11h-23h lun-ven ; U Hauptbahnhof)

Heunisch & Erben AUTRICHIEN €€

9 PLAN P. 126, D3

Ce restaurant-bar à vin s'est forgé une solide réputation chez les gastronomes. La Méditerranée rencontre l'Autriche dans des plats comme les aubergines aux poivrons jaunes, graines de lin et fromage *stracchino*, ou les joues de porc à la purée de légumes-racines. (01-286 85 63 ; www.heunisch.at ; 03, Landstrasser Hauptstrasse 17 ; plats 12-31 €, menu 4/5 plats 55-66 € ; 15h-minuit lun-sam ; U Landstrasse)

Lingenhel EUROPÉEN €€

10 PLAN P. 126, E4

Ce bar-restaurant-épicerie fine occupe une maison vieille de 200 ans. Salamis, vins et fromages artisanaux en boutique. Le restaurant propose une cuisine européenne, moderne et de saison. Les plats sont simples mais tiennent leurs promesses (truite aux petits pois, navets et oranges, par exemple). (01-710 15 66 ; www.lingenhel.com ; 03, Landstrasser Hauptstrasse 74 ; déj 10-29 €, plats 17-36 € ; 9h-18h lun-mar, 9h-22h mer-ven, 8h-16h sam ; U Rochusgasse)

Joseph Brot BISTROT €€

11 PLAN P. 126, D3

La boulangerie-pâtisserie (et bistrot) de Joseph Brot est le meilleur fournil de Vienne. Outre le pain frais et ses déclinaisons (*ciabatta* olives-tomates bio, pain de seigle miel-lavande...), on y sert petits-déjeuners, thés spéciaux et pâtisseries. À se damner ! À midi, sont servis des plats de saison comme les *Spätzle* (nouilles) au

Rendez-vous estivaux et Schanigärten

Aux beaux jours, l'animation s'invite en plein air dans les *Schanigärten* (jardins ombragés). Contrairement aux *Gastgärten* (brasseries en plein air), les *Schanigärten* s'installent sur la voie publique (trottoirs, parkings, places) sur autorisation. Celle-ci, délivrée à prix doux, court du 1er mars au 15 novembre. Les horaires d'ouverture sont, eux, soumis à la météo.

Pendant la *Sommerpause* (vacances d'été), fleurissent au bord de l'eau des bars de plage, comme le **Tel Aviv Beach** (www.neni.at/restaurants/tel-aviv-beach-bar ; 02, Obere Donaustrasse 65 ; 12h-minuit 19 mai-oct ; U Schottenring) et le **Strandbar Herrmann** (www.strandbarherrmann.at ; 03, Herrmannpark ; 10h-2h avr-fin oct ; ; O Hintere Zollamstrasse, U Schwedenplatz). Une alternative pour ceux qui ne peuvent, comme nombre de Viennois, fuir la ville pour gagner les lacs autrichiens.

La Kunst Haus Wien de l'architecte Friedensreich Hundertwasser (p. 129)

levain accompagnées de fromage de montagne, échalotes et chou chinois. (www.joseph.co.at ; 03, Landstrasser Hauptstrasse 4 ; petit-déj 16,40 €, plats déj 12,80-18,20 € ; boulangerie 7h30-19h lun-ven, 8h-18h sam, 8h-16 dim ; bistrot 8h-19h lun-ven, 8h-18h sam, 8h-16h dim ; U Wien Mitte).

Gmoakeller

AUTRICHIEN €€

12 PLAN P. 126, B4

Parquet, voûtes en briques et lambris : ce bar à vin fondé en 1858 est traditionnel au possible. Les grands classiques comme le *Zwiebelrostbraten* (rôti de bœuf aux oignons) ou les *Kasnudeln* (nouilles au fromage) de Carinthie, s'y marient bien avec les vins locaux. Les tables débordent sur le trottoir en été. (01-712 53 10 ; www.gmoakeller.at ; 03, Am Heumarkt 25 ; déj 9,80 €, plats 6,20-21,50 € ; 11h-minuit lun-sam, 11h-16h dim ; U Stadtpark).

Prendre un verre

Salm Bräu

MICROBRASSERIE

13 PLAN P. 126, C6

Près du Belvédère, Salm Bräu brasse ses propres *Helles* (bière blonde), *Pils* (pilsner), *Märzen* (bière rousse au goût de malt prononcé), *G'mischt* (à mi-chemin entre la *Helles* et la *Dunkel*, plutôt sombre) et *Weizen* (bière de froment corsée, légèrement sucrée). (www.salmbraeu.com ; 03, Rennweg 8 ; 11h-22h ; 71 Unteres Belvedere, U Karlsplatz).

Laniato : Wiener Wollcafe

CAFÉ

14 PLAN P. 126, C6

Café-tricot. On y vient pour déguster un café, dévorer un brownie et observer le jeu des aiguilles tout en jetant un œil aux différentes laines et créations colorées. (www.laniato.com ; 03, Beatrixgasse 4 ; 10h-13h et 14h-18h lun-ven, 9h30-17h sam ; U Landstrasse)

Sortir

Konzerthaus

SALLE DE CONCERT

15 PLAN P. 126, B4

Haut lieu de la musique classique, la Konzerthaus accueille tout au long de l'année, des concerts de rock, pop, jazz et musique du monde. Dans ce complexe culte de 7 salles, il se donne parfois jusqu'à trois concerts en simultané. (01-242 002 ; www.konzerthaus.at ; 03, Lothringerstrasse 20 ; billetterie 10h-18h lun-ven (10h-14h juill-août), 10h-14h sam de septà juin, et 45 min avant la représentation ; D Gusshausstrasse, U Stadtpark)

Radiokulturhaus

SALLE DE CONCERT

16 PLAN P. 126, A6

La "Maison de la Radio" est une institution viennoise. Elle comporte plusieurs salles de concert, dont la Grosser Sendesaal (dédiée à l'Orchestre symphonique de la radio de Vienne et au Klangtheater). La programmation va de la musique classique aux quartets de jazz en passant par le cabaret. (01-501 703 77 ; radiokulturhaus.orf.at ; 04, Argentinierstrasse 30a ; billets 22 € ; billeterie 16h-19h lun-ven ; D Plösslgasse, U Taubstummengasse)

Arnold Schönberg Center

MUSIQUE CLASSIQUE

17 PLAN P. 126, B5

Dédié à la seconde école de Vienne (début du XXe siècle), ce centre culturel héberge un exceptionnel fonds d'archives, légué par le Viennois Arnold Schönberg (1874-1951), compositeur, peintre, enseignant, théoricien et inventeur du dodécaphonisme.
Le hall d'exposition accueille des concerts classiques intimistes, où se pressent des mélomanes bien informés. (01-712 18 88 ; www.schoenberg.at ; 03, Schwarzenbergplatz 6 ; 9h-17h lun-ven ; D Schwarzenbergplatz, U Stadtpark).

Akademietheater

THÉÂTRE

18 PLAN P. 126, B4

Ouvert en 1922, ce théâtre de 500 places tient lieu de deuxième salle au Burgtheater, qui y programme des pièces contemporaines. (01-514 44 41 40 ; www.burgtheater.at ; 03, Lisztstrasse 1 ; billets 7,50-64 € ; 4A Akademie-theater, D, 71 Schwarzenbergplatz, U Stadtpark)

Les arrondissements de Vienne

Les 23 *Wiener Bezirke* (arrondissements) sont disposés en spirale, à partir du centre. Nous les présentons dans le sens des aiguilles d'une montre. L'Innere Stadt (01) se trouve au milieu, encerclée par le Ring. Entre le Ring et le boulevard circulaire de Gürtel, on trouve les *Vorstädte* (faubourgs intérieurs) : 02 (Leopoldstadt), 03 (Landstrasse), 04 (Wieden), 05 (Margareten), 06 (Mariahilf), 07 (Neubau), 08 (Josefstadt) et 09 (Alsergrund). Au-delà du Gürtel se trouvent les *Vororte* (faubourgs extérieurs) : 10 (Favoriten), 11 (Simmering), 12 (Meidling), 13 (Hietzing), 14 (Penzing), 15 (Rudolfsheim-Fünfhaus), 16 (Ottakring), 17 (Hernals), 18 (Währing), 19 (Döbling) et 20 (Brigittenau). Les arrondissements 21 (Floridsdorf) et 22 (Donaustadt) se situent à la lisière nord-est de la ville, tandis que le 23 (Liesing) est à la périphérie sud-ouest.

Une adresse viennoise commence par le numéro de l'arrondissement (01 : Innere Stadt, etc.), tandis que les numéros de rue vont croissants en s'écartant du centre. Le numéro de l'arrondissement apparaît au milieu du code postal à quatre chiffres (1010 pour l'Innere Stadt, par exemple).

Aux arrondissements se superposent des quartiers plus petits : le romantique Spittelberg (07), derrière le MuseumsQuartier, ou le Freihausviertel, à la frontière entre les arrondissements 04 et 05.

Arena Wien

MUSIQUE LIVE

19 ✪ PLAN P. 126, F6

Ancien abattoir transformé en salle de concert et en cinéma, l'Arena est un lieu insolite pour voir du spectacle vivant. Hard rock, rock, métal, reggae et soul (mais aussi des films) sont présentés sur la scène extérieure de mai à septembre ; en hiver, les groupes jouent dans une des deux salles intérieures. Agenda des événements et concerts en ligne. (www.arena.wien ; 03, Baumgasse 80 ; billets environ 20 € ; U Erdberg, Gasometer)

Kursalon

MUSIQUE CLASSIQUE

20 ✪ PLAN P. 126, B3

Tous les soirs à 20h15, des concerts classiques y ravissent les inconditionnels. Le restaurant est somptueux, ce qui permet de comprendre le succès du forfait concert et dîner (repas 3 ou 4 plats boissons non comprises à 18h, suivi du concert). (☎ 01-512 57 90 ; www.kursalonwien.at ; 01, Johannesgasse 33 ; billets 45-99 €, concert avec dîner 3/4 plats 100-105 € ; 🚋 2 Weihburggasse, U Stadtpark).

Incontournable

Prater

Le Prater inclut deux parcs extérieurs distincts, qui forment le terrain de jeu préféré des Viennois. Le premier, à l'entrée, est le Wurstelprater, où se tient une foire foraine sous la célèbre Grande Roue (Riesenrad). *Jadis domaine de chasse des Habsbourg, l'immense étendue boisée de l'Unterer Prater se prête aujourd'hui à de tranquilles promenades à vélo ou à pied, voire à des pique-niques aux beaux jours.*

www.prater.at

entrée libre

U Praterstern

Wurstelprater

Au **Wurstelprater** (Prater 7 ; attractions 3-5 € ; 10h-minuit ;), chacun retrouve en lui un enfant qui brûle de dépenser son argent de poche. L'été venu, la fête foraine est investie de petits et grands qui mangent des beignets en portant des peluches sur fond de fête et de bruits de foule. Ses 250 attractions vont des trains fantômes et carrousels à l'ancienne, aux hommes-canon et manèges centrifugeuses.

De nouveaux manèges font grimper le taux d'adrénaline. Le **Turbo Boost** tourne à 100 km/h ; dans le "siège éjectable", vous êtes assis dans une balle suspendue à 90 m du sol ; la tour du **Space Shot** propulse les casse-cou à une vitesse approchant les 80 km/h. Pour souffler, prenez le petit train (**Liliputbahn** ; www.liliputbahn.com ; circuit complet adulte/enfant 5/3 € ; mi-mars à fin oct ; ; U Praterstern) qui relie sur 4 km le Wurstelprater et le stade Ernst-Happel.

Grande Roue

La **Riesenrad** (www.wienerriesenrad.com ; 02, Prater 90 ; adulte/enfant 13,50/6,50 € ; 10h-19h45, horaires réduits en hiver ; ; U Praterstern) est l'attraction préférée du parc. Les cinéphiles rejoueront la scène du *Troisième Homme* (p. 139), dans laquelle Orson Welles prononce un discours énigmatique avant de disparaître dans le Vienne d'après-guerre. Ils évoqueront aussi un James Bond, *Tuer n'est pas jouer*, ou *Before Sunrise* de Richard Linklater, avec Julie Delpy.

Construite en 1897 par l'Anglais Walter B. Basset à l'occasion du jubilée de l'empereur François-Joseph, la Grande Roue a survécu aux bombardements de 1945. Magnifiquement éclairée la nuit, lourde de 430 tonnes, elle culmine à 65 m et fait un tour complet en 20 minutes, ce qui laisse le temps de prendre de fabuleux clichés de la ville vue de haut. Un café en occupe la base.

★ À savoir

- Comme les viennois, faites un tour au marché fermier du **Karmelitermarkt** (02, Karmelitermarkt ; 6h-21 lun-ven, 6h-17h sam ; 2 Karmeliterplatz, U Taborstrasse), avant de bruncher sur place.

Une petite faim ?

Pas de souci ! Stands de hot-dogs et boutiques où trouver de quoi grignoter abondent sur place.

Tempel (01-214 01 79 ; www.restaurant-tempel.at ; 02, Praterstrasse 56 ; menu déj 18 €, plats 14,50 € ; 12h-15h mar-ven, 18h-minuit mar-sam ; U Nestroyplatz). Bistrot intimiste niché dans une cour, près de la Praterstrasse.

Planétarium

Planetarium (vhs.at/de/e/planetarium ; 02, Oswald-Thomas-Platz 1 ; adulte/enfant 9/6,50 € ; horaires des séances variables). À l'extrémité
du Wurstelprater, derrière la Grande Roue, le planétarium meet en scène le spectacle des étoiles, la place de la Terre dans le cosmos. Le thème des séances (en allemand) change régulièrement.

Musée du Prater

Pratermuseum (www.wienmuseum.at ; 02, Oswald-Thomas-Platz 1 ; adulte/-19 ans 5 €/gratuit ; 10h-13h et 14h-18 ven-dim, vacances sauf lun). Dans le bâtiment du planétarium, ce **musée municipal** retrace l'histoire du Wurstelprater et du parc attenant. Ses collections ne présentent malheureusement qu'un mélange assez terne de photographies et d'histoires, datant principalement du XIXe siècle. Seules les machines à sous d'époque, encore en service pour certaines, rachètent l'ensemble.

Unterer Prater

Air frais, exercice physique, spectacle saisonnier de la nature : peu d'endroits à Vienne peuvent rivaliser avec le plus grand parc de la ville. Dans ses 60 km^2 : des peupleraies, des châtaigneraies, des pelouses et des avenues arborées, mais aussi des aires de jeux pour enfants, une piscine, un parcours de golf et un hippodrome.

Le Troisième Homme

En 1948, Alexander Korda commande à l'écrivain anglais Graham Greene un scénario sur l'occupation de Vienne, après la guerre, par les quatre puissances alliées. Le film, réalisé par Carol Reed, est tourné la même année. Un écrivain désœuvré, Holly Martins (Joseph Cotton), se rend à Vienne à la demande de son ancien camarade de classe Harry Lime (Orson Welles), mais l'y trouve mort dans des circonstances obscures. Ses questions sur le décès mettent Martins sur la piste d'un trafic clandestin de pénicilline, auquel participe peut-être certaines des forces aux commandes de la ville...

Le Troisième Homme remporta le Grand Prix du festival de Cannes en 1949 et l'Oscar de la meilleure photographie pour un film en noir et blanc en 1951, et fut élu en 1999 "meilleur film britannique du XXe siècle".

Il a suscité le **musée du Troisième Homme** (www.3mpc.net ; 04, Pressgasse 25 ; adulte/enfant 9,50/5 €, visite guidée 12 € entrée du musée comprise ; 14h-18h sam, visites guidées sur réservation ; U Kettenbrückengasse). Le **Burg Kino** (01-587 84 06 ; www.burgkino.at ; 01, Opernring 19 ; billets 8-9,50 € ; D, 1, 2 Burgring, U Museumsquartier) projette le film au moins trois fois par semaine. Le **Third Man Tour** (www.viennawalks.com ; adulte/enfant 22/12 €) couvre les lieux de tournage principaux.

Bordée de majestueux châtaigniers au brun-roux et au doré éclatants en automne, aux délicates fleurs blanches à la fin du printemps, la **Hauptallee** en est l'artère centrale. Cette allée va droit sur 4,5 km de la gare Wien Praterstern à la **Lusthaus**, ou "maison des Menus-Plaisirs" : ancien pavillon de chasse du XVIe siècle, remaniée en 1783 pour accueillir entre autres les fêtes impériales. C'est aujourd'hui un café-restaurant charmant. (01-728 95 65 ; 02, Freudenau 254 ; plats 13-20 € ; 12h-23h lun-ven et 12h-18h sam-dim mai-sept, 12h-18h tlj oct-avr ; ; 77A Lusthaus).

À proximité : Augarten

Parc paysager (www.kultur.park.augarten.org ; 03, Obere Augartenstrasse ; entrée libre ; 6h-crépuscule ; U Taborstrasse). Ouvert en 1775, il est parsemé de prairies, sillonné de sentiers bordés d'ormes, de tilleuls, de châtaigniers, d'érables, et ponctué d'aires de jeux. On y visite le plus ancien jardin baroque de la ville et le **musée de la Porcelaine** (Porzellanmuseum im Augarten ; www.augarten.com ; 02, Obere Augartenstrasse 1 ; adulte/enfant 7/5 €, 13/11 € visite guidée comprise ; 10h-18h lun-sam ; U Taborstrasse).

Incontournable

Le château de Schönbrunn

Les appartements du château de Schönbrunn (Schloss Schönbrunn) *figurent parmi les intérieurs baroques les mieux conservés d'Europe. Fresques et dorures témoignent de la splendeur de l'Empire des Habsbourg. L'histoire autrichienne prend vie dans les 40 salles ouvertes au public, où sont évoqués la première représentation publique de l'enfant prodige Mozart et le quotidien de la célèbre Sissi.*

01-811 13-0

www.schoenbrunn.at

13, Schönbrunner Schlossstrasse 47

9h-17h30 juil-août, 9h-17h avr-juin, sept-déc, 9h30-17h jan-mars

U Schönbrunn, Hietzing

Billets pour le château de Schönbrunn

Le plus simple est de les acheter en ligne, de les présenter imprimés ou enregistrés dans votre smartphone.

Le billet **Imperial Tour** (adulte/enfant 18/13 €) comprend un circuit de 22 salles avec audioguide (ou application). Le billet **Grand Tour** (avec audioguide adulte/enfant 22/15 €, avec guide 26/19 €) comprend toutes les salles de l'Imperial Tour, ainsi que les 18 autres salles ouvertes aux visites. Le Grand Tour avec guide anglophone part à 11h et 15h, tous les jours de l'année.

Le **Schönbrunn Group Pass** (adulte/enfant 50/30 € avec audioguide) est le billet idéal pour découvrir l'héritage impérial à Vienne et en Basse-Autriche : à Schönbrunn, outre le château, il donne accès à quatre sites du parc (la Gloriette, le jardin de l'Orangerie, le jardin du Prince héritier et le labyrinthe, à Vienne au musée Sissi (p. 39) et au musée du Meuble (p. 94), et dans le Marchfeld au domaine de Schloss Hof. (Billet valable un an, entrée unique dans chacune des attractions ; réservation obligatoire pour le château ; dates flexibles pour les autres sites ; disponible en ligne uniquement.)

Le **Family Pass** (2 adultes et 3 enfants 55 €) donne accès au château, au musée des Enfants de Schönbrunn et au domaine de Schloss Hof.

Toute l'année, le **billet Sissi** (p. 46) comprend les sites majeurs de la Hofburg et le château de Schönbrunn.

Appartements officiels

L'Imperial Tour (avec audioguide gratuit ou application) commence dans l'**escalier bleu** orné de fresques qui mène, en majesté, sà l'étage supérieur. Là, se dévoilent d'abord les appartements (XIXe siècle) de l'empereur François-Joseph Ier et de son épouse, Élisabeth

★ À savoir

- Les billets achetés en ligne font office de coupe-file.
- Prenez le temps : l'histoire et l'architecture sont fascinantes, les jardins immenses.
- Pour vous reposer et éviter les montées, prenez le **Schönbrunner Panoramabahn** (www.zoovienna.at ; billet journée adulte/enfant 9/5 € ; ⌚10h-17h avr-oct), un "train" touristique qui effectue un circuit de 50 min, avec neuf arrêts pour monter/descendre.

✕ Une petite pause ?

Prenez un verre avec vue sur les jardins du château et la ville au-delà, au **Café Gloriette** (www.gloriette-cafe.at ; 13, Gloriette, château de Schönbrunn ; ⌚9h-crépuscule).

(Sissi), dont la beauté était célébrée pour sa taille très fine et sa coiffure nattée. Ainsi découvre-t-on la **salle de Billard**, où se délassaient les officiers d'état-major en attendant une audience. François-Joseph, lui, travaillait dans son **bureau** dès 5h du matin. Le cadre de lit en fer et le nécessaire de toilette de sa chambre renvoient à la stricte discipline qui marquait le quotidien du souverain.

L'impératrice Élisabeth (Sissi) aimait écrire des poèmes dans son **cabinet de l'Escalier**, aux murs rouges. Dans l'intimité de son **dressing**, elle s'exerçait aux langues étrangères tandis que l'on brossait ses boucles, qui lui tombaient jusqu'aux chevilles. Une tenture de soie bleu et blanc enjolive la **chambre impériale** que François-Joseph et Sissi partageaient parfois. Dans le **salon de l'Impératrice**, néo-rococo, notons les portraits de quelques-uns des 16 enfants de Marie-Thérèse d'Autriche, dont la jeune Marie-Antoinette (reine de France, guillotinée à Paris en 1793). C'est à la table du **salon de Marie-Antoinette**, dressée avec cristal et porcelaine, que François-Joseph se régalait de goulasch et de Schnitzel (férue de régimes, Sissi préférait le bouillon de bœuf, et les fraises qu'elle s'accordait en cachette).

D'autres portraits des descendants de Marie-Thérèse sont exposés dans la **chambre des Enfants** et la **chambre au Balcon**, ornée de toiles du peintre de cour Martin van Meytens. Guettez celui de sa fille **Marie-Élisabeth**, dont la rare beauté fut ruinée par la variole, au point que, résignée à se retrancher du monde, elle entra au couvent.

Château de Schönbrunn

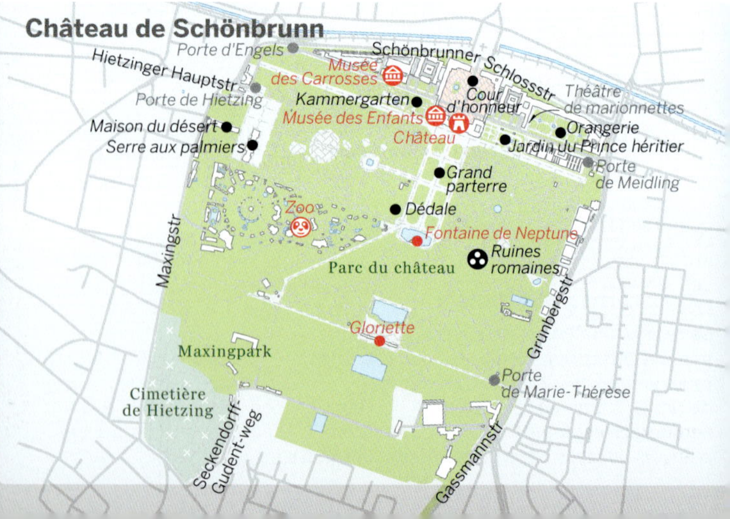

Dans la magnifique **salle des Glaces**, se produisit, devant une Marie-Thérèse conquise, le jeune Mozart, alors âgé de 6 ans. Le fleuron du palais reste toutefois sa **Grande Galerie** (longue de 40 m), où les Habsbourg donnaient des bals et des banquets, et où se mêlent stuc, glaces et lustres dorés, avec, au plafond, une fresque de l'Italien Gregorio Guglielmi à la gloire de Marie-Thérèse. Ici eut également lieu la rencontre historique de 1961 entre John Fitzgerald Kennedy et le dirigeant soviétique Nikita Khrouchtchev.

Une déambulation entre les multiples porcelaines des **Cabinets chinois** mène au **salon du Carrousel** et à la **salle des Cérémonies**, où cinq tableaux monumentaux illustrent le mariage, en 1760, entre l'héritier du trône, Joseph, et Isabelle de Parme. Mozart, âgé de 4 ans à l'époque, fut ajouté après coup par le peintre, qui mit plusieurs années à achever son œuvre : le virtuose avait eu, dans l'intervalle, le temps de devenir une étoile montante.

Le billet Grand Tour donne accès, avec un guide ou un audioguide, à l'**aile est** du palais. Les appartements de François de Lorraine s'ouvrent par le sublime **salon Bleu chinois**, dont les minutieux motifs floraux des murs ont été peints sur du papier de riz. La marqueterie de pierres semi-précieuses des tables en pietra dura est un exemple du savoir-faire des artisans florentins. Ici se déroulèrent, en 1918, les négociations préalables à la fin de l'Empire austro-hongrois. Un siècle plus tôt, Napoléon occupant Vienne, en 1805 et 1809, avait établi son quartier général à Schönbrunn. Dans le **salon de Napoléon**, il rêva peut-être à ses conquêtes. Cherchez le portrait de son fils, Napoléon II, duc de Reichstadt, représenté sous les traits d'un chérubin dans le parc du château de Laxenburg.

Traversez l'exquis **salon du Million**, tapissé de palissandre, le **salon des Gobelins**, avec ses tapisseries flamandes, et le **salon Rouge,** orné de portraits des Habsbourg, pour gagner la **chambre** de Marie-Thérèse et son lit de parade en velours rouge richement brodé d'or, où naquit François-Joseph en 1830. Après le **cabinet de travail** de l'archiduc François-Charles et de nouveaux portraits des Habsbourg, la visite s'achève dans la **salle de Chasse**, avec des peintures rappelant l'époque où Schönbrunn était un pavillon de chasse.

Jardins

Les **jardins à la française** (gratuit ; 🕒6h30-crépuscule) du Schlosspark valent le détour en toute saison, avec leur symphonie de couleurs l'été et leur camaïeu de gris et de bruns l'hiver. Ouvert au public par Joseph II en 1779, le domaine est traversé d'allées arborées, tracées selon un quadrillage et un système en étoile entre 1750 et 1755. Entre 1772 et 1780, Joseph II y fit apporter des éléments baroques : de fausses **ruines romaines**, la **fontaine de Neptune** (Neptunbrunnen ; 10h-16h mi-avr à sept) inspirée de la mythologie grecque, et la **Gloriette** (adulte/enfant 4,50 € 9h30-18h juil-août, 9h30-17h avr-juin et sept-oct ; 8A, 63A Gassmannstrasse), belvédère qui couronne les jardins et offre, comme son nom l'indique, un point de vue exceptionnel.

Le palais doit son nom à la **Schöner Brunnen** (10h-16h mi-avr à sept). La fontaine d'origine s'écoule désormais par le vase en pierre d'une nymphe, près des ruines romaines. Les 630 m d'allées du **dédale végétal** (Irrgarten ; adulte/enfant 6/3,50 €, billet combiné avec Kindermuseum 12/8 €, avec Kindermuseum et Tiergarten 28/16 € ; 9h-18h mi-mars à début nov ;) sont identiques au modèle original qui existait sur place de 1720 à 1892. Juste à côté, le **labyrinthe** comporte des jeux, des structures d'escalade et un kaléidoscope géant composé de miroirs. Une halte bienvenue pour les enfants !

À l'est du château, le **jardin du Prince héritier** (Konprinnzengarten ; adulte/enfant 4,50 € ; 9h-18h avr à début nov), baptisé ainsi en l'honneur de Rodolphe, fils de Sissi et de François-Joseph, est un petit jardin baroque qui était à l'époque réservé à la famille impériale. Les serres impériales accueillent des **concerts** (programmation en ligne). (01 812 50 04 ; www.imagevienna.com ; billets 45-105 € ; billetterie 8h30-19h)

Serre aux palmiers (p. 145)

Musée des Enfants

Kindermuseum (www.kaiserkinder.at ; adulte/enfant 9,50/7,50 €, billet combiné avec dédale 12/8 €, avec labyrinthe, dédale et zoo 28/16 € ; ⏲10h-17h). Les activités et expositions permettent aux enfants de découvrir le quotidien à la cour des Habsbourg ; ils peuvent ensuite revêtir des costumes d'époque et donner des ordres à leurs serviteurs (parents). D'autres salles sont consacrées aux jouets, aux sciences naturelles et à l'archéologie.

Théâtre de marionnettes

Marionettentheater (☎01-817 32 47 ; www.marionettentheater.at ; adulte/enfant 11-39/9-25 € ; ⏲Billetterie, 15h-19h mer, 14h-19h ven-sam, 14h-18h dim). Ce petit théâtre présente des œuvres populaires, comme *La Flûte enchantée* et *Aladin*. Les costumes des marionnettes sont superbes. Certains spectacles sont en allemand, d'autres en anglais.

Musée des Carrosses

Wagenburg (☎525 24 47 02 ; www.kaiserliche-wagenburg.at ; adulte/enfant 12 €/gratuit ; ⏲9h-17h mi-mars à nov, 10h-16h déc à mi-mars). On peut admirer le carrosse de couronnement de l'empereur François de Lorraine, avec ses panneaux de verre vénitien, son placage en or ouvragé et ses chérubins peints. L'ensemble pèse plus de quatre tonnes. Repérez aussi le délicat phaéton du fils de Napoléon, avec ses garde-boue en forme d'aigles et ses motifs d'abeilles.

Zoo de Schönbrunn

Tiergarten (www.zoovienna.at ; 13, Maxingstrasse 13b ; adulte/enfant 24/14 €, billet combiné avec labyrinthe et musée des Enfants 28,50/16,50 € ; ⏲9h-18h30 avr-sept, 9h-17h30 mars-oct, 9h-17h fév, 9h-16h30 nov-jan ; 🚌56A, 56B, 58A Tiroler Gasse). François de Lorraine créa cette ménagerie en 1752. Aujourd'hui le plus vieux zoo au monde accueille plus de **8 500 animaux**, dont des pandas géants, des ours polaires et des tigres de Sibérie. Les heures des repas des animaux sont échelonnées tout au long de la journée – consultez le plan distribué à l'entrée. Restauration sur place possible, notamment au centre du zoo, au Kaiserpavillon, qui sert une cuisine viennoise d'une excellente tenue dans un cadre exceptionnel.

Serre aux palmiers

Palmenhaus (13, Maxingstrasse 13b ; adulte/enfant 6/4,50 € ; ⏲9h30-17h tlj ; U Hietzing). Réplique de celle des Kew Gardens, à Londres, cette serre fut édifiée en 1882 par Franz Segenschmid pour abriter une véritable jungle de plantes tropicales provenant du monde entier.

Excursion à Bratislava

La proximité de la capitale slovaque, sa facilité d'accès à partir de Vienne et la taille modeste de son centre historique en font une destination rêvée pour une escapade, courte mais dépaysante : le rideau de fer y a laissé des traces encore bien visibles. L'adhésion de la Slovaquie à l'Union européenne et la position de Bratislava au cœur de l'Europe de l'Est (le pays possède des frontières avec la Pologne, l'Ukraine, la Hongrie, la République tchèque et, bien sûr, l'Autriche) assurent par ailleurs à la ville un dynamisme culturel palpable.

Comment s'y rendre

Train (ÖBB ; durée 1h, aller-retour 22 €). Départ Wien Hauptbahnhof.

Catamaran (www.twincityliner.com ; durée 1h15 ; aller-retour à partir de 31 €). Départ Schwedenplatz.

La porte Saint-Michel

PATRIMOINE

1 PLAN P. 146

L'unique survivante des portes de la ville médiévale est le principal point d'accès au centre piétonnier et touristique en venant de la gare. De style gothique à sa fondation (XIVe siècle), elle a été plus tard coiffée d'un toit baroque.

La cathédrale Saint-Martin

ARCHITECTURE GOTHIQUE

2 PLAN P. 146

Katedrály Sv. Martina (Rudnayovo námesti ; 9h-11h30 et 13h-18h lun-sam, 13h45-16h dim, fermeture 16h en hiver ; accès à la nef gratuit, Trésor, sacristie, chapelle de la Vierge 2,50 €). De 1563 à 1830, les Habsbourg furent couronnés rois de Hongrie dans cet édifice du XVe siècle. La chambre du Trésor en témoigne.

Le château

MUSÉE

3 PLAN P. 146

Bratislavský Hrad (www.bratislava-hrad.sk ; Zámocká 2 ; tarif plein/réduit 10/4 € ; tlj 10h-18h avr à mi-nov, mar-dim 9h-17h mi-nov à mars, sous réserve de travaux) Le château de Bratislava accueille les collections du Musée national slovaque, et offre une vue exceptionnelle sur la ville depuis le sommet de la plus haute des quatre tours du château, dite "de la couronne".

L'église bleue

ART NOUVEAU

4 PLAN P. 146

Kostol svätej Alžbety (Bezručova 2 ; gratuit ; 6h30-7h30 lun-sam/7h30-12h dim et tlj 17h30-19h). Outre sa couleur inhabituelle, l'église Sainte-Élisabeth vaut le détour pour la fantaisie de son architecture Art nouveau hongrois d'Ödön Lechner (1913), qui tranche avec les immeubles communistes !

★ À savoir

- Monnaie : euro (€).
- Indicatif téléphonique de la Slovaquie : +421.
- Numéros d'urgence : 158 (police), 112 (SOS appels d'urgence), 155, (urgences médicales), 150 (pompiers).
- Gare ferroviaire à une vingtaine de minutes à pied du centre historique.

Une petite faim ?

- **UFO** (voir plan ; www.u-f-o.sk ; tlj 10h-23h ; plats 20-40 €). **Restaurant panoramique** de l'autre côté du Danube, au sommet d'une tour futuriste. Mobilier signé Starck, vue unique sur Bratislava et le Danube de la terrasse située à 95 m de hauteur en vous acquittant d'un simple ticket.

Carnet pratique

Statue de Johann Strauss, Rathauspark (p. 94)

Avant de partir

Hébergement

- Vienne affiche un grand choix d'hébergements, toutes catégories confondues. Réservez de Pâques à septembre, et lors des événements comme les marchés de Noël.
- La ville compte quelques *Jugendherbergen* (auberges de jeunesse), privées ou affiliées à Hostelling International (HI). Les premières sont accessibles sans adhésion.
- Les hébergements de moyenne gamme vont des maisons d'hôte familiales, aux hôtels chics.
- Parmi les adresses haut de gamme on compte des établissements de luxe (lustres, meubles anciens et tableaux du XIXe siècle) et hôtels design.
- Le petit-déjeuner n'est pas toujours inclus ; les cafés sont souvent d'un meilleur rapport qualité-prix, dans un cadre plus agréable.

Sites Internet

Lonely Planet (lonelyplanet.fr/destinations/europe/autriche). Conseils et réservations.

Hostelling International (www.hihostels.com). Fédération internationale d'auberges de jeunesse.

Tourist Info Wien (www.wien.info/en/hotels) Réserver depuis le site de l'office du tourisme.

Petits budgets

Grand Ferdinand Hotel (www.grandferdinand.com). Pour les dortoirs avec lits en acajou de cet hôtel luxueux.

Hotel am Brillantengrund (www.brillantengrund.com). Chambres sur patio, convivial.

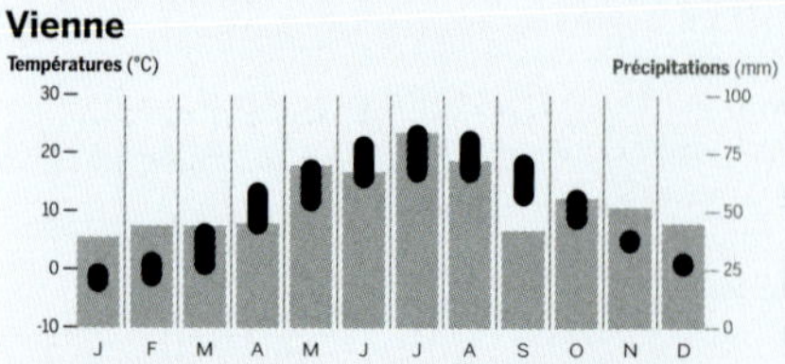

Quand partir

Désormais, chaque saison apporte son lot de surprises : consultez www.wetter.com/

Printemps (avr-juin) Temps doux. Pâques inaugure la saison touristique.

Été (juil-août) Temps agréable à chaud ; plages fluviales ouvertes. *Sommerpause* : fermeture de restaurants, bars et magasins.

Automne (sept-oct) Températures et affluence en baisse.

Hiver (nov-mars) Neige possible ; ouverture de patinoires en plein air.

Wombat's City Hostel Naschmarkt (www.wombats-hostels.com). Donne sur le Naschmarkt, ce qui est idéal pour faire bon usage de la cuisine commune avec les produits locaux.

Catégorie moyenne

Hotel Kunsthof (www.hotelkunsthof.at). Un hôtel qui tient de la galerie d'art.

Boutiquehotel Stadthalle (www.hotelstadthalle.at). Éco-responsable et douillet, séjour à bilan énergétique nul !

Mooons (www.mooons.com). Hôtel design et high-tech avec terrasse sur le toit.

Hotel Capricorno (www.schick-hotels.com/hotel-capricorno). Intérieurs colorés et balcons sur le canal.

Catégorie supérieure

Hotel Sacher (www.sacher.com). Le raffinement, le glamour et l'élégance du vieux monde au-dessus du plus célèbre café de Vienne.

Hotel Imperial (www.marriott.com). L'hôtel privilégié du gotha.

Sans Souci Wien (www.sanssouci-wien.com). Meubles de créateurs originaux, pop art et emplacement face au MuseumsQuartier.

DO&CO (www.docohotel.com). Central et huppé. Jacuzzi dans quelques chambres.

Arriver à Vienne

Aéroport international de Vienne

À 19 km au sud-ouest du centre-ville, le **Vienna International Airport** (VIE ; ☎ 01-700 722 233 ; www.viennaairport.com ; 📶) dessert des destinations du monde entier. Vous y trouverez poste, restaurants, bars, banques, DAB, bureaux de change, supermarchés et agences de location de véhicules, ainsi que deux consignes à bagages ouvertes de 5h30 à 23h30 (4-8 €/24h).

Bus

Vienna Airport Lines (☎ 517 17 ; www.viennaairportlines.at) assure trois liaisons entre différents quartiers de Vienne et l'aéroport. La plus centrale s'arrête sur la Morzinplatz (plan p. 64, C2 ; 01, Morzinplatz)/Schwedenplatz (bus 1185 ; aller simple/aller-retour 8/13 €, 20 min) et passe par la gare ferroviaire de Wien-Mitte.

Taxi

La course depuis/vers l'aéroport coûte de 25 à 50 €. La compagnie des taxis jaunes **Taxi 40100** (☎ 01-401 00 ; www.taxi40100.at), située dans le hall d'arrivée (près de la librairie), propose un tarif fixe de 36 € ; les tarifs du **C&K Airport Service** (☎ 01-444 44) commencent à 33 €.

Un Uber (www.uber.com) entre l'aéroport et le centre-ville coûte 30 € environ.

Train

Le **City Airport Train** (CAT ; plan p. 106 ; www.cityairporttrain.com ; aller simple/aller-retour 12/21 € ; 1 Landstrasse-Wien Mitte, U Landstrasse) part de l'aéroport de Vienne toutes les 30 minutes de 6h09 à 23h39, et de la gare ferroviaire de Wien-Mitte, dans le centre-ville, toutes les 30 minutes de 5h37 à 23h07. Le trajet dure 16 minutes.

Le train de banlieue S7 (4,30 €, 37 min) effectue le même parcours entre la ville et l'aéroport, de 4h48 à 0h18 au départ de l'aéroport, et de 5h18 à 23h49 au départ de la gare de Wien-Mitte.

Depuis la France

Austrian Airlines (0820 816 816 ; www.austrian.com) propose des vols quotidiens depuis Paris-CDG, Lyon, Bâle-Mulhouse et Nice. **Air France** (36 54, 0,35€/min ; www.airfrance.fr) assure plusieurs liaisons par jour depuis Paris-CDG, et 3 par semaine depuis Strasbourg. Le prix d'un vol Paris-Vienne (2 heures environ) dépend de la période du séjour et du type de formule choisi.

Depuis la Belgique

Brussels Airlines (02 723 33 32 à Bruxelles ; www.brusselsairlines.com) assure 3 vols par jour pour Vienne depuis Bruxelles. **Austrian Airlines** (02 6422 579 à Bruxelles ; www.austrian.com) assure 3 à 4 vols quotidiens depuis Bruxelles.

Depuis la Suisse

Austrian Airlines (043 547 97 97 ; www.austrian.com) propose deux vols quotidiens depuis Genève, Bâle-Mulhouse et Zurich.

Depuis le Canada

Depuis Québec, **Air Canada** (1 888 247 2262 ; www.aircanada.com) et **Lufthansa** (1 833 951 2503 ; www.lufthansa.com/fr) assurent quotidiennement des liaisons avec Vienne, via Toronto ou Montréal, Francfort ou Londres (en escales). En été, **United Airlines** opère des vols via Chicago ou New York (1 escale).

Depuis Bratislava

Atterrir à Bratislava, capitale de la Slovaquie située à 60 km à l'est de Vienne, peut s'avérer une solution économique, en fonction des allers-retours *low cost* que **Ryanair** opère depuis Paris-Beauvais (en saison) et Bruxelles. L'**aéroport M. R. Štefánik** (0421 2 4857 3353 ; www.bts.aero/) est relié à celui de Vienne par des **bus** (www.flixbus.fr) desservant également la capitale autrichienne. Départs de 6h à 22h45 ; trajet de 1 heure à 1 heure 20.

Gare principale de Vienne

La **Wien Hauptbahnhof**, à 3 km au sud de la cathédrale Saint-Étienne, accueille tous les trains internationaux, ainsi que de très nombreuses lignes locales et régionales.

Bus

La ligne 13A traverse les faubourgs intérieurs (*Vorstädte*) de Margareten,

Mariahilf, Neubau et Josefstadt, tous situés entre le Ring et le Gürtel (3e ceinture de la ville).

Train

S-Bahn Les lignes S1, S2 et S3 relient la gare principale de Vienne aux gares de Wien Meidling, Wien-Mitte et Praterstern.

U-Bahn (métro) L'U1 dessert la Karlsplatz et la Stephansplatz.

Tramway

La ligne O dessert Praterstern, la 18, Westbahnhof et Burggasse/ Stadthalle, et la D relie Hauptbahnhof-Ost au Ring.

Tickets et forfaits

Les titres de transport (U-Bahn, tramway et bus) émis par **Wiener Linien** (☎ 01-790 91 00 ; www.wienerlinien.at) sont en vente dans les stations d'U-Bahn, à bord des trams et des bus, dans les bureaux de tabac (*Trafik*, kiosques), ainsi qu'à quelques guichets de vente.

Aller simple *(Einzelfahrschein).* 2,40 € ; valable pour un trajet avec correspondances ; coûte 2,60 € si vous l'achetez à bord d'un bus ou d'un tram (montant exact requis).

Ticket 24/48/72 heures *(Stunden).* 8/14,10/17,10 € ; doit être validé.

Carte 8 jours (*8-Tage-Klimakarte*). 40,80 € ; valable 8 jours, non forcément consécutifs ; validez la carte chaque fois que vous l'utilisez.

Carte hebdomadaire *(Wochenkarte).* 17,10 € ; valable du lundi au dimanche (attention ! une carte achetée le vendredi n'est valable que jusqu'au dimanche).

Comment circuler

Vélo

- Les vélos sont transportés gratuitement dans les rames marquées d'un vélo des S-Bahn et U-Bahn de 9h à 15h et après 18h30 du lundi au vendredi, à partir de 9h le samedi et toute la journée le dimanche.
- Ils sont interdits dans les trams et dans les bus.
- La ville gère aussi le système de vélos partagés **Citybike Wien** (www.citybikewien.at ; pour 1/2/3/4 heures gratuit/1/2/4 €, puis 4 €/ heure supplémentaire). Des stations sont installées partout en ville.

Bus

Les bus sont utiles pour se rendre dans les quartiers périphériques de la ville ou pour les voyageurs à mobilité réduite.

Lignes régulières

La plupart circulent de 5h à minuit. Service réduit (voire interrompu) le week-end.

Ligne 13A Circule du nord au sud via

les *Vorstädte* entre la Hauptbahnhof et l'Alser Strasse.

Ligne 2A Relie les Schwarzenbergplatz, Stephansplatz, Schwedenplatz et Michaelerplatz.

Ligne 3A Relie la Börsenplatz et la Schottentor à la Stephansplatz et la Stubentor.

Bus de nuit

Les bus de nuit couvrent la majeure partie de la ville et circulent toutes les 30 minutes de 0h30 à 5h.

Sachez que l'U-Bahn circule toute la nuit le week-end (c'est-à-dire après minuit les vendredi et samedi).

De nombreux bus de nuit s'arrêtent à la Schwedenplatz, la Schottentor et au Kärntner Ring/Oper. Bus et arrêts sont signalés par un "N". Tous les titres de transport en commun sont valables de nuit.

En semaine, le bus N25 suit le Ring, puis passe par la Schwedenplatz, la Leopoldstadt, la Kagraner Platz et au-delà.

Train

U-Bahn

- Le métro est un moyen rapide et bon marché de se déplacer en ville.
- Il existe 5 lignes, de U1 à U4 puis U6 (les travaux de la U5, commencés en 2018, devraient s'achever en 2023).
- Les stations sont équipées d'ascenseurs et d'escalators. Les horaires sont affichés sur les quais ; des panneaux indiquent les sorties et les équipements proches. Le U-Bahn circule de 5h à minuit du lundi au jeudi et non-stop du vendredi au dimanche soir.

S-Bahn

- Les 10 lignes de S-Bahn, désignées par un nombre précédé d'un S, desservent la banlieue et les villes proches. Ils circulent de 4h30 à 1h10.
- Le réseau de transport est découpé en zones (des plans sont affichés dans les gares). Vérifiez que votre billet est valable si vous vous éloignez du centre, et achetez-en un autre le cas échéant, aux distributeurs automatiques de la station.

Tramway

- Avec ses 29 lignes, le réseau de tramway de Vienne constitue le moyen idéal de voir la ville à peu de frais.
- Les trams, numérotés ou indiqués par une lettre (1, 2, D), relient le centre à certaines banlieues.
- Ils circulent de 5h15 à 23h45.

Transports publics

- Étendu et complet, le réseau des transports publics de Vienne est l'un des plus efficaces d'Europe.
- Les billets à prix fixe sont valables dans les trains, trams, bus, U-Bahn et S-Bahn. Le service est bien assuré et il est rare d'attendre plus de 10 minutes.
- Des plans gratuits sont disponibles aux guichets de la **Wiener Linien** (☎ 01-790 91 00 ; www.wienerlinien.at) dans les stations de U-Bahn.

Taxi

- Les taxis sont fiables et plutôt bon marché en regard des

tarifs pratiqués en Europe de l'Ouest.

- Les trajets en ville sont calculés au compteur. La prise en charge coûte environ 3,80 € du lundi au samedi de 6h à 23h (4,30 € au-delà) ; comptez en plus 1,42 €/km. Ajoutez un pourboire de 10 %.
- On trouve facilement des taxis près des gares ferroviaires et en ville.
- La réservation téléphonique coûte 2,80 € en plus. Pour en commander un, contactez **Taxi 40100** (☎ 01-401 00 ; www.taxi40100.at) ou **60160 Taxi** (☎ 01-601 60 ; wihuptaxiservice.at), compagnies acceptant le paiement par carte bancaire (assurez-vous en toutefois avant d'embarquer).
- Uber (www.uber.com) est présent à Vienne.

Infos pratiques

Argent

Cartes bancaires

- Les cartes Visa, EuroCard et MasterCard sont acceptées plus facilement que les American Express et Diners Club. Un nombre étonnant de magasins et restaurants les refusent encore.
- Les billets de train peuvent généralement être payés par carte bancaire dans les principales gares, mais certaines cartes non européennes ne sont pas acceptées – renseignez-vous auprès de votre banque avant de partir.

DAB

- Les *Bankomats* (DAB), qui acceptent les cartes de crédit et de débit (y compris Maestro), sont nombreux.
- Repérez l'enseigne lumineuse (deux bandes, une verte, une bleue) sur la façade des banques.

Pourboires

Restaurants et cafés Un pourboire est attendu. Pour les petites sommes (café ou bière), arrondissez à l'euro supérieur (ou au 0,50 € supérieur) ; pour les repas complets, ajoutez 10 % à l'addition. Laissez le pourboire au moment de payer, en l'incluant à la somme totale.

Taxis Les chauffeurs espèrent un pourboire de 10 % environ.

Porteurs à l'hôtel et personnel de vestiaire Laissez 1 ou 2 €.

Carte de réduction

La **Vienna City Card** (www.viennacitycard.at ; 24/48/72 h 17/25/29 € en févr 2022) permet de circuler sans limite de durée sur le réseau de transports en commun (y compris les bus de nuit) et ouvre droit à des centaines e réductions (de 5 à 25 %) dans certains musées, cafés, *Heurigen* (tavernes), restaurants, magasins, circuits organisés, et dans le City Airport Train (CAT).

Achat en ligne ou à l'Office du tourisme de Vienne (p. 158), au **bureau d'information de l'aéroport** (www.wien.info ; ⏰ 7h-22h), et dans maints grands hôtels.

Désagréments et dangers

Vienne est une ville très sûre. Dans l'ensemble, une femme comme un homme peut sans problème s'y promener la nuit.

- Les stations Karlsplatz et Gumpendorfer Strasse peuvent être survoltées en fin de soirée.
- Mieux vaut éviter le Prater et le Praterstern la nuit, ainsi que l'Ausstellungsstrasse, fréquentée par des prostituées et leurs clients.
- Le long de la Gürtel s'étend le quartier "chaud" de Vienne : forte concentration d'établissements au nord de la Westbahnhof le long de la Neubaugürtel (moindre aux alentours de la Thaliastrasse). Le secteur juste au sud de la Gumpendorfer Strasse peut se révéler douteux.
- L'ambiance aux arrêts de S-Bahn et de tram de Margareten et de la Wiedner Gürtel peut être tendue.

Électricité

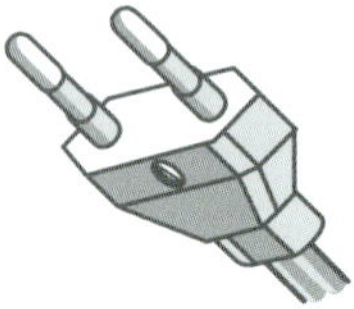

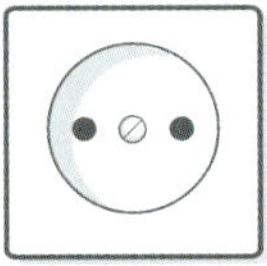

Type C
220 V/50 Hz

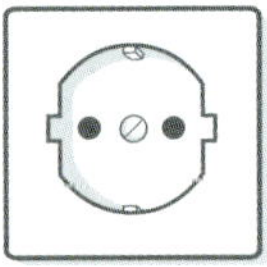

Type F
230 V/50 Hz

Formalités

- Jusqu'à présent, les citoyens de la plupart des pays (sauf Chine, Russie...) n'ont pas besoin de visa pour les séjours inférieurs à 90 jours.
- Le site du ministère fédéral pour l'Europe, l'Intégration et les Affaires étrangères (www.bmeiagv.at) publie la liste des ambassades autrichiennes.
- L'Autriche fait partie de l'espace Schengen – les États de l'UE (sauf Irlande) et d'autres pays européens dont la Suisse. En général, un visa délivré par l'un des pays de l'espace Schengen est valable pour tous les autres pays du groupe.
- Les citoyens hors UE qui n'ont pas besoin d'un visa pour entrer dans l'espace Schengen doivent obtenir une autorisation préalable dans le cadre du Système européen d'information et d'autorisation (ETIAS, www.etias.com). Les voyageurs peuvent faire la demande en ligne (7 € pour une autorisation multi-entrées de 3 ans).
- Rappel : enregistrement numérique obligatoire en cas de reprise de la pandémie (entry.ptc.gv.at/en.html)...

Horaires d'ouverture

À l'heure de mettre sous presse, les horaires des pubs, restaurants et magasins ont conservé leur amplitude de la période Covid. Vous aurez donc peut-être de bonnes surprises.

Pubs et clubs Horaires variables. Pubs : en général de 16h (voire 17h) à entre 23h et minuit (ceux qui assurent une restauration ouvrent plus tôt). Les clubs sont ouverts de 22h à 2h environ, du jeudi au samedi.

Restaurants 11h-14h et 18h-22h ou 23h en général.

Magasins Habituellement lun-ven 9h-18h30 (certains jusqu'à 21h jeu ou ven) et jusqu'à 17h sam. Fermés le dimanche.

Supermarchés Normalement 8h-20h lun-ven, 8h-18h sam. Fermés le le dimanche.

Étiquette

Les Viennois sont assez formels et ont recours à l'ironie pour alléger les règles et les contraintes sociales.

Dire bonjour *Grüss Gott* ou le moins formel *Servus !* sont les formules de salutation habituelles ; *Guten Tag* est fréquent. Utilisez le "vous" de politesse (*Sie*) à moins de bien connaître la personne ou de vous adresser à quelqu'un du même âge (pour les jeunes). Ne tutoyez jamais (*Du*) les vendeurs ou les serveurs.

Sur votre lieu d'hébergement Il est courant de dire *Guten Morgen* quand on entre dans la salle du petit-déjeuner et *Auf Wiedersehen* en la quittant.

Téléphone Dites votre nom au début de l'appel téléphonique, surtout si vous effectuez une réservation. En fin d'appel, dites *Auf Wiederhören* ("au revoir" au téléphone).

Jours fériés

Seuls les bars, les cafés et les restaurants restent ouverts les jours fériés. Les grandes vacances scolaires ont lieu en juillet et en août ; la ville est donc plus calme, mais, revers de la médaille, de nombreux restaurants, bars, petits magasins et salles de spectacle ferment en juillet/août.

Neujahrstag (Nouvel An). 1er janvier

Heilige Drei Könige (Épiphanie). 6 janvier

Ostermontag (lundi de Pâques). Mars ou avril

Tag der Arbeit (fête du Travail). 1er mai

Christi Himmelfahrt (Ascension). 6e jeudi après Pâques

Pfingstmontag (lundi de Pentecôte). 6e lundi après Pâques

Fronleichnam (Fête-Dieu). 2e jeudi après la Pentecôte

Maria Himmelfahrt (Assomption). 15 août

Nationalfeiertag (fête nationale). 26 octobre

Allerheiligen (Toussaint). 1er novembre

Mariä Empfängnis (Immaculée Conception). 8 décembre

Heiligabend (veille de Noël). 24 décembre ; tout ferme l'après-midi

Christfest (jour de Noël). 25 décembre

Stephanitag (Saint-Étienne). 26 décembre

Offices du tourisme

Tourist-Info Wien (plan p. 42 ; ☎ 01-245 55 ; www.wien.info ; 01, Albertinaplatz ; ⏰ 10h-16h ; 📶 ; 🚋 D, 1, 2, 71 Kärntner Ring/Oper, U Stephansplatz). Le principal office du tourisme de Vienne, avec une billetterie, un service de réservations hôtelières, des plans gratuits et d'innombrables brochures.

Airport Information Office (www.wien.info ; ⏰ 7h-22h). Nombreux services, plans, **Wien-Karte** et réservations hôtelières. Situé dans le hall des arrivées de l'aéroport international de Vienne.

Jugendinfo (Info Jeunes Vienne ; plan p. 42; ☎ 01-909 4000 84100 ; www.wienxtra.at/jugendinfo ; 01, Babenbergerstrasse 1 ; ⏰ 14h30-18h30 lun-ven ; 🚋 D, 1, 2, 71 Burgring, U Museumsquartier). Billets à prix réduits pour les 14-26 ans. Informations sur les événements.

Rathaus Information Office (plan p. 64 ; ☎ 01-4000 4001 ; www.wien.gv.at ; 01, Rathaus ; ⏰ 7h30-17h lun-ven ; 🚋 D, 1, 2, 71 Rathausplatz/Burgtheater, U Rathaus). L'hôtel de ville peut renseigner les habitants comme les touristes sur les questions sociales, culturelles et pratiques. Écran d'informations utile.

Téléphone

Indicatif du pays Autriche : 0043.

Indicatif régional L'indicatif de Vienne est le ☎ 01 ; ne faites pas le 0 si vous appelez de l'étranger.

Pour appeler en Autriche depuis l'étranger, composez le code d'accès international (☎ 00, ou ☎ 011 depuis le Canada), puis l'indicatif de l'Autriche (☎ 43) suivi de l'indicatif régional sans le 0 et du numéro de votre correspondant.

Pour appeler la France, la Belgique ou la Suisse depuis l'Autriche, composez le ☎ 00, suivi de l'indicatif du pays (☎ 33 pour la France, ☎ 32 pour la Belgique, ☎ 41 pour la Suisse), suivi du numéro de votre correspondant sans le 0 initial. Pour appeler le Canada depuis l'Autriche, composez le ☎ 00, suivi du ☎ 1 et du numéro de votre correspondant.

Cartes SIM prépayées Les boutiques de téléphonie, les kiosques et les bureaux de tabac vendent des cartes SIM prépayées, utilisables avec un portable débloqué.

Toilettes

- Les grands centres commerciaux ont des toilettes gratuites.
- Les toilettes des stations d'U-Bahn et les toilettes publiques sont généralement payantes (environ 0,50 €).

- Les musées ont toujours des toilettes propres et bien équipées.
- Dans les cafés et les bars, les toilettes sont réservées à la clientèle ; demandez d'abord ou commandez un café.

Voyageurs handicapés

Vienne est de mieux en mieux équipée pour accueillir les handicapés (*Behinderte*). Les rampes d'accès sont fréquentes (bien qu'on n'en trouve pas partout). La plupart des stations d'U-Bahn ont des élévateurs pour fauteuils roulants, et toutes sont équipées de bandes de guidage au sol pour les malvoyants. Tous les bus possèdent des paliers d'accès s'abaissant (le conducteur apporte son aide), et la majorité des trams en service ont une plate-forme basse permettant l'accès en chaise roulante. Les feux de circulation sont équipés d'un dispositif sonore indiquant aux piétons quand traverser sans danger.

Tourist-Info Wien (voir Offices du tourisme) saura vous conseiller et vous informer. Sa brochure *Accessible Vienna*, disponible en allemand et en anglais, donne des informations sur les hôtels et les restaurants accessibles aux handicapés, ainsi que des adresses d'hôpitaux, de magasins d'équipement médical, de places de parking, de toilettes et plus encore. Téléchargez-le sur le site Internet www.wien.info/en/travel-info/accessible-vienna

Voyageurs LGBT+

Vienne se montre de plus en plus ouverte pour les couples LGBT+, plus que le reste de l'Autriche. En 2019, le pays a légalisé les unions civiles et les mariages de personnes du même sexe.

Die Villa (☎01-586 81 50 ; www.dievilla.at ; 06, Linke Wienzeile 102 ; 17h-20h lun et mer ; U Pilgramgasse) délivre des conseils et des renseignements sur l'offre disponible en ville.

Le site Internet de l'office du tourisme (www.wien.info/en/vienna-for/gay-lesbian) publie des informations complètes sur le sujet.

Langue

En Autriche, la langue nationale est l'allemand, parlé par environ 100 millions de personnes dans le monde. La plupart des mots sont accentués sur la première syllabe (en italique dans les exemples de prononciation suivants).

Deux formes d'adresse à autrui existent : polie ("vous": *Sie*) et informelle ("tu": *Du*). Nous utilisons la première dans les exemples suivants, hormis dans certains cas où les deux sont indiquées (pol/inf). (m/f) indique les formes masculines et féminines.

Lonely Planet propose un guide conversation, disponible sur lonelyplanet.com (version pour iPhone dans l'Apple store).

Phrases clés

Bonjour.

Guten Tag. — *gou*·teunn taak

Au revoir.

Auf Wiedersehen. — aof *vi*·deur·zé·enn

Comment allez-vous/vas-tu ? (pol/inf)

Wie geht es Ihnen/dir? — vi gèt ès s *i*·nen/dir

Bien, merci.

Danke, gut. — *dang*·ke goute

S'il vous/te plaît.

Bitte. — *bi*·teu

Merci.

Danke. — *dang*·keu

Pardon.

Entschuldigung. — ènnt·*shoul*·di·gounk

Oui./Non.

Ja./Nein. — ya/naïn

Parlez-vous (anglais/français) ?

Sprechen Sie Englisch? Französich? — *chpré*·cheun zi *inng*·lich *Frann* tseu zich

Je (ne) comprends (pas).

Ich verstehe (nicht). — ich feur·*chtè*·eu (nicht)

Se restaurer et prendre un verre

Je suis végétarien/ne.

Ich bin Vegetarier/ Vegetarierin. — ich binn vé·gé·*tah*·ri·eur/ rieu·rine

Santé ! *Prost!* — prost

L'addition, s'il vous plaît.

Die Rechnung, bitte. — di *rech*·nounk *bi*·teu

Je voudrais...

Ich möchte ... — ich *meuch*·teu ...

... un café

einen Kaff — *aï*·nen *ka*·fè

... un verre...

ein Glas — aïn glass

... de vin

Wein — vaïn

... une table...

einen Tisch — *aï*·nen tich

... pour deux

für zwei Personen — für tsvaï per·*zo*·nen

... deux bières

zwei Bier — tsvaï bir

Shopping

Je voudrais acheter...

Ich möchte kaufen... — ich *meuch*·teu *kao*·feunn

Combien cela coûte-t-il ?

Wie viel kostet das? — vi fil *koss*·teut dass

C'est trop cher.

Das ist zu teuer. — dass isst tssou *toï*·er

Urgences

À l'aide ! *Hilfe!* — *hil*·fe

Appelez un médecin !

Rufen Sie einen Arzt! — *rou*·feunn zi *aï* nen artst

Appelez la police !

Rufen Sie die Polizei! — *rou*·feunn zi di po·li·*tsaï*

Je suis perdu.

Ich habe mich verirrt. — ich *hah*·beu mich feur·*irt*

Je suis malade.

Ich bin krank. — ich binn krank

Où sont les toilettes ?

Wo ist die Toilette? — vo isst di toi·*let*·te

Heure et nombres

Quelle heure est-il ?

Wie spät ist es? — Vi chpét ist es

Il est (10) heures.

Es ist (zehn) Uhr. — es ist (tsénn) our

matin
Morgen — *mor*·gueunn

après-midi
Nachmittag — *narr*· mit·tak

soir
Abend — *a*·bent

hier
gestern — *ges*·teurne

aujourd'hui
heute — *hoï*·teu

demain
morgen — *mor*·gueun

1	*eins*	aïns
2	*zwei*	tsvaï
3	*drei*	*draï*
4	*vier*	fir
5	*fünf*	funnf
6	*sechs*	zex
7	*sieben*	zi·beunn
8	*acht*	arrt
9	*neun*	noïn
10	*zehn*	tsén
100	*hundert*	*hounn*·deurt
100	*tausend*	*tao*·sent

Transports et orientation

Où est...? *Wo ist ...?* — Vo isst ...

Quelle est l'adresse ?

Wie ist die Adresse?
vi isst di a·*dres*·seu

Pouvez-vous me montrer (sur la carte) ?

Können Sie es mir (auf der Karte) zeigen?
keu·nen zi es mir (aof dèr *kar*·teu) *tsaï*·gueunn

Je veux aller...

Ich mochte nach... fahren.
ich *meuch*·teu narr... *fah*·reunn

À quelle heure part-il ?

Wann fährt es ab?
vann fèrt es ap

À quelle heure arrive-t-il ?

Wann kommt es an?
vann komt es ane

S'arrête-t-il ?
Hält es in ...? — hèlt es in ...

En coulisses

Vos réactions ?

Vos commentaires nous sont précieux pour améliorer nos guides.
Nous lisons chacun de vos messages et les transmettons aux auteurs. Pour nous faire part de vos remarques et de vos suggestions, ou vous abonner à notre newsletter, rendez-vous sur **www.lonelyplanet.fr**

Nous publions certains commentaires dans nos guides ou sites Web. Si vous ne souhaitez pas que les vôtres soient repris ou que votre nom apparaisse, merci de nous le préciser.

Remerciements de Catherine

Vielen Dank à Julian et aux Viennois et voyageurs rencontrés, pour leurs conseils et les bons moments partagés lors de cette mise à jour et au fil des ans. Un grand merci à ma coauteure, Kerry, et à l'équipe de Lonely Planet, dont Brana Vladisavljevic et Dan Fahey. Bien sûr, merci à mes parents, mon frère, ma belle-sœur, mon neveu.

Remerciements de Kerry

Merci aux personnes rencontrées en voyage, notamment aux professionnelles du tourisme Bettina Jamy-Stowasser et Helena Hartlauer à Vienne. Un merci particulier à Eugene Quinn de Space and Place à Vienne, pour les idées et l'inspiration.

Crédits photographiques

Photo de couverture : Le Graben. Hiroshi Higuchi/Getty Images ©

Photographies p. 32-33 (sens des aiguilles d'une montre à partir de la gauche) : Tmp_an_instant_of_time/ Shutterstock, Bluejayphoto/Getty Images, Vvoe/Shutterstock, Gregor Schuster/Getty Images ©

À propos de cet ouvrage

Cette 5e édition de *Vienne en quelques jours* a été rédigée par Catherine Le Nevez et Kerry Walker. Les deux précédentes éditions avaient aussi été rédigées par Catherine Le Nevez.

Traduction Jeanne Robert

Direction éditoriale Didier Férat

Responsable éditorial Dominique Bovet

Responsable prépresse Jean-Noël Doan

Coordination éditoriale Christophe François

Maquette Valérie Police et Gudrun Fricke

Cartographie Nicolas Chauveau

Couverture Laure Wilmot et Laurent Briard

Remerciements à Olympe Richez pour sa préparation du texte et à Julien Lannoy pour sa relecture attentive.

Index

Reportez-vous aussi aux index :

Se restaurer p. 165
Prendre un verre p. 166
Sortir p. 166
Shopping p. 167

Référence des **sites**
Référence des **cartes**

Référence des **sites**
Référence des **cartes**

Se restaurer

Prendre un verre

Sortir

Référence des **sites**
Référence des **cartes**

Shopping

B

D

E

F

G

H

I

J

K

L

M

N

P

R

S

T

V

W

Z

Les auteures

Catherine Le Nevez

La Hofburg et ses environs, le centre historique, le quartier des musées et Neubau, la Karlsplatz, le château de Schönbrunn Son premier voyage en Europe, à l'âge de 4 ans, a suscité sa vocation : depuis, elle prend la route dès que possible et a visité une soixantaine de pays. Elle a rédigé de nombreux guides et articles pour Lonely Planet (Paris, France, Europe...). Catherine a également rédigé les chapitres Préparer son voyage et Carnet pratique.

Kerry Walker

Balade de Brunnenmarkt à Yppenplatz, Du palais du Belvédère au canal, Le Prater Spécialiste de l'Europe centrale et méridionale, Kerry est photographe et écrivaine. Basée au pays de Galles, elle a écrit ou coécrit plus d'une douzaine de titres Lonely Planet. Sa soif de voyages l'a menée sur les sept continents. Elle publie régulièrement, par exemple dans le magazine *Adventure Travel* ou le *Telegraph Travel*, sur son site www.its-a-small-world.com, et tweete via @kerrychristiani.

Vienne en quelques jours
5e édition
Traduit et adapté de l'ouvrage *Pocket Vienna, 4th edition, March 2022*

92 avenue de France - 75013 Paris
Photographes © comme indiqué 2022
Dépôt légal Avril 2022
ISBN 978-2-81619-538-5
Imprimé par L.E.G.O. Spa (Legatoria Editoriale Giovanni Olivotto), Italie

En Voyage Éditions | un département édi8